W O R K

A S P Y

像间谍一样思考

CIA情报官首度公开出奇制胜的商业技巧

Business Tips from

[美] J·C·卡尔森（J. C. Carson）◎著
程波　高昂◎译

a Former CIA Officer

中信出版集团 | 北京

图书在版编目（CIP）数据

像间谍一样思考：CIA情报官首度公开出奇制胜的商业技巧 /（美）卡尔森著；程波，高昂译．
—北京：中信出版社，2013.9（2025.12重印）
书名原文：Work Like a Spy: Business Tips from a Former CIA Officer
ISBN 978-7-5086-4153-9
I. ①像… II. ①卡… ②程… ③高… III. ①商业经营－通俗读物 IV. ①F715-49
中国版本图书馆CIP数据核字（2013）第176662号

像间谍一样思考：CIA情报官首度公开出奇制胜的商业技巧

著　　者：[美] J・C・卡尔森
译　　者：程波　高昂
策划推广：中信出版社（China CITIC Press）
出版发行：中信出版集团股份有限公司
（北京市朝阳区东三环北路27号嘉铭中心　邮编　100020）
（CITIC Publishing Group）
承 印 者：北京通州皇家印刷厂

开　　本：880mm×1230mm　1/32　　印　　张：7　　字　　数：110千字
版　　次：2013年9月第1版　　印　　次：2025年12月第29次印刷
京权图字：01-2012-7736
书　　号：ISBN 978-7-5086-4153-9/F・2984
定　　价：29.00元

服务热线：010-84849555　　服务传真：010-84849000
投稿邮箱：author@citicpub.com

目录

WORK LIKE A SPY
Business Tips from a Former CIA Officer

作为一名从事间谍活动的中情局官员，你或多或少会很难在更传统的工作岗位中感到满足。我从事秘密行动将近十年，当我开始考虑离职时，很难想象再去从事一份穿着职业装、有可预测的时间表、不需要使用化名的工作。如果可以，有朝一日，我还是会选择在战区而不是一个小隔间里工作。

但是，我清醒地意识到自己的职业生涯已经达到了一个高原期——是该做出改变的时候了。不过，辞去中情局官员的工作仍然是一个艰难的选择。当然，间谍这一职业有很多缺点：头脑麻木的官僚主义、太多时间要和行李箱一起生活、不断向朋友和家人说谎。但是，为中情局工作带来的机遇和挑战是世界上任何其他雇主都无法相比的。它可能会带来超出你想象的回报。虽然好莱坞对中情局职业的描述中有98%是不准确的，但它确实包含了荣耀的时刻，也有令人脉搏加快、肾上腺素急升的时刻。但是我现在所面临的是这样的困境——进一步的职业发展可能会让我不得不做出个人牺牲。我有家庭，我更想多看看我的家人。我想在鸡尾酒会和后院烧烤晚会上和别人进行正常的对话，而每当出现“你是做什么工作的？”这样不可避免的问题时，我不必忙着为自己圆谎。以前，周游列国似乎是一种由政府出资的奇妙冒险旅行，但是现在每每想到又要搭乘国际航班，又有一个夜晚在酒店度过，我就心里打颤。在中情局工作我绝不后悔，但是，我现在想要回到我的生活和我的身份。

我要做出选择：我可以为自己谋得一份新职业，在总部管理部门从事保密工作；或者我可以退出，重新加入“平民”大军。想到自己仍坚持在中情局工作会给我带来一些安慰，尽管职位有所不同，但事实是，我和其他陆军校级军官一样，也很反感自己成为总部机器的一个齿轮。

我告诉自己，除了间谍活动以外，我还有其他技能。加入中情局之前，我曾经从一家企业跳槽到另一家企业。在互联网泡沫破灭之前，我拿到了常春藤名校的学位，这使我有可能在厌倦感袭来之前涉足不同行业，具备不同能力。拜其所赐，我还从来没有找到能让我保持热情超过一年的工作岗位或公司，尽管如此，我还是在间谍工作之外的正常世界中积累了丰富的经验。

随后，当我拂去中情局十年工作的简历上的灰尘，搜寻那些无迹可循的技能时，我惊讶地发现，我在美国中情局的工作教会了我很多能力，这些能力比我此前所有工作岗位提供的技能更有价值、更适用于商业操作。当然，不是说我所有的间谍技能都是可以直接转化为商业技能的——至少不包括那种让我免于被判入狱的技能——但是它们也似乎没有我原本想象的那样深奥。

这样的想法和我对个人职业生涯的探索最终促使我决定写这本书。此外，我意识到，虽然中情局不断从外界吸纳新鲜力量，外部世界却很少有机会从间谍经验中获益。也就是说，部分原因在于，我们当中很少有人脱离间谍机构，进入外部世界工作。即便有人离开了，公开自己过去的经历也很难。因为广泛宣传在中情局工作的职业经历会激起非常强烈的反响，不管是单纯的好奇，还是对抗的情绪。

尽管如此，当这本书在我的脑海里开始成形时，我还是犹豫了。我没有心思来“全盘揭秘”；我不打算泄露机密信息或透露任何可能会危及与中情局相关联的人或行动的数据。之前，机构内凡是泄露信息的人都备受责难，我讨厌别人将我和这些人相提并论。除了手稿在出版之前要经过中情局内部审查委员会的批准，像所有的中情局前雇员一样，我写这本书的时候也是小心翼翼。一方面，我坚信隐秘世界内的一些做法能让外界学到很多东西，书中给出了大量的实例和轶事，用于阐明本书中讨论的观点，我希望读者能从中受益。另一方面，我知道如何保守秘密——有大量信息由于某些正当理由被列为绝密。

在这本书中，我的目标是走精品路线，与读者分享足够多的信息，让材料可用、有用，不泄露任何可能危及过去或现在运作模式的来源或渠道。因此，特别是在本书的前几个章节中，我有时通过假设的例子来介绍广义的概念。这并不意味着这些例子是虚假的或伪造的——只不过我使用了合成的人物和情形，尽量改变细节，使其不会暴露背后真正牵涉的人物和地点。所有用来描述我个人经历的例子都是非常真实的，而且能代表我自己特有的风格。然而，我还是很努力地消除可能会泄露他人信息或地点的任何细节。

纯化论者和我以前的同事可能会反对我交替使用不同短语的做法。因此，为了让那些顽固之人死心，让我们澄清事实以正视听吧：中情局官员不是“间谍”。间谍是犯间谍罪的人，这些人反对自己的国家。中情局招募间谍人员。然而，在这本书中，我用了很多不同的短语来描述来自国家秘密行动处的中情局官员：情报机构官员、秘密行动人员、卧底人员，对了，有一次或两次甚至用到了间谍和幽灵。以上短语除了最后两个其他都是准确的，而那两个也不过是想给人留下好印象罢了。

本书的基础在于，我非常喜欢卧底生涯，我对以前中情局的同事也非常尊重。这本书的目的在于介绍一些秘密世界的精彩技巧，让外部世界的人从中受益。

第一部分

走进隐秘世界

WORK LIKE A SPY

Business Tips from a Former CIA Officer

01
隐秘概念公开化：
情报采集的基本原则

2003 年夏天，我获得了一份不确定的“殊荣”，成为了一名大规模杀伤性武器调查小组的成员，该小组隶属于中情局。初到巴格达，正值调查工作陷入僵局之际——尽管美国当局仍然坚称伊拉克国内或其附近藏匿着大规模杀伤性武器，但是越来越多的证据却指向了相反的结论。因此，中情局调查小组给我们下达的命令既有些含糊不清，又有点孤注一掷，要求我们务必在搜查中“竭尽全力，不辱使命”。

初到伊拉克不久，我便奉命去调查一家可疑的生物武器研究所，该研究所是一个潜在目标，我们不仅拿到了相关的卫星影像资料，还深入分析了该研究所与其他研究机构之间的通讯记录，那些机构很有可能是伊拉克大规模杀伤性武器项目的参与者。该研究所由一位生物化学博士负责，并且有重兵把守，戒备森严。

于是，我和同事们共同制定了一个突击搜查研究所的计划。几天之后，我便有了人生中首次军事护卫的经历。当时，我坐在护卫队中央的一辆装甲车里，旁边是一位性情温和、神情稍显紧张的女翻译，还有一队美国黑水保安公司选派的特遣小组；另一辆装甲车里是一些技术专家，他们能够对我们收集到的任何生物武器样本进行现场分析。

在特遣队对研究所进行排查时，我一直坐在车里待命，直到研究所确认安全。研究院的保安刚刚被解除武装，两名全副武装的黑水公司保安就护送我进入研究所院内。此次行动出乎我意料。进入院子时，我还想着应该会有一百多人被命令离开大楼，接受武器搜查，待在院子的某个安全角落里，睁着好奇而又惊恐的眼睛看着我。

不久，一位看起来气质很高贵的妇女从大楼里走了出来。她似乎身体在颤抖，但却保持镇定。她一边忙着介绍自己是研究所的负责人，一边彬彬有礼地主动询问是否能帮得上忙，而我只是很笼统地做了个自我介绍，用的还不是真名。

她请我进办公室喝茶，我没有回绝她的邀请，开始跟她朝办公室走去。随同的黑水公司保安轻轻地向后拽了我一下，小声示意我这里还没有进行过安检。我朝里面仔细瞧了几眼，只看到一间普通的办公室，除此之外并无其他东西，于是我便走了进去。

到了办公室，她给我端上了茶水和饼干，并流畅自如地回答了我的所有问题。

原来这家研究所是制盐厂。盐啊！（你想怎么骂就怎么骂吧。）没错，确实是盐！她还取出了一包样品，当着我的面尝了尝。

后来她把所有的事情都解释清楚了。原来，深更半夜运往伊拉克军方医院和监狱医院的货品是生理盐水，而之所以选择晚间运送，主要是因为当地夏季白天炎热——这种做法很常见。

研究所之所以采用净室技术，是因为要生产出无菌的生理盐水。

大楼后面之所以要挖一些深坑，是为了把废物做无害化处理。而残留下来的东西是什么呢？你一定猜得到——盐。

她的生物化学博士学位也是真的，她也承认，自己可以说是大材小用了，但是在伊拉克，由妇女来担任管理职位实属不易。

研究所雇用保安来守卫大楼，对于被占领后的伊拉克也是非常必要的，这是用来防范打劫行为。

我们居然对一个盐厂进行了武装突袭。

经过中情局技术人员的测试，我们最终确认了这位主管所说的都是实情。这里真是一个盐厂。

我觉得自己真是愚蠢至极。

那些可怜的工人们刚刚被荷枪实弹的美国大兵赶进大院，望着他们那副惊慌失措的样子，我感觉更加糟糕了。那位女主管优雅而得体地接受了我的道歉，我们的护卫队则羞赧地离去。

这真是一次宝贵的教训。无论拥有多么精密的卫星图像，多么精准的情报拦截以及权威的专家分析，我们都无法查证那些受到怀疑的研究所是否存有生物武器，而只要我走进去，简单地问某个人几个问题，就能让真相大白于天下。罪证确凿、疑点重重的分析资料，转瞬间就变得愚蠢可笑且毫无危害，而这一切只需要我坐下来和研究所的主管喝杯茶就办得到。

对我来说，这次经历就如同观看一个万花筒：前一分钟还在瞧着一个蓝星图案，轻轻点击一下，就看到了一个五彩缤纷的菱形图案。人类情报（Human Intelligence）——中情局赖以生存的要素——就像这样的点击，它使我们的视野顷刻间变得完全不同。很多时候，一些恰当无误的解释，内部的独家新闻，以及第一手的报道往往胜过最为缜密的数据分析。有时候需要你在场才能真正理解这一切——而如果你不能在场，就需要有人替你在场。

在企业中，这种点击的因素同样存在。你也许会勤勤恳恳地阅读每一份商业期刊，认认真真地钻研行业的爆炸性新闻，你甚至还能对你的对手最近向证交会提交的文件倒背如流，但你仍然无法掌控全局。你需要的是那个小小的点击——它只能从内部渠道获得，且只能从合理分配的人力资源中寻求来源。这个点击将帮助你确定，你搜查的到底是一个生产大规模杀伤性武器的设施还是一个盐厂。

事实如此，而我将根据事实教大家如何获取这种点击。

不过，应该明确的是，本书并非一部兜售卑鄙手法的手册。我不会告诉你如何在竞争对手的会议室里安装窃听器，或者如何审问不忠诚的员工。的确有大量的公司以此为手段，因为他们都不惜花大量的时间去挖掘那些能够透露内情的文档，获取通话记录，或者挖掘你同行高管的一些有失体面的信息。经常雇用一些前联邦政府工作人员以及前中情局特工的公司可以经常满足你一些不太体面的商业需求。

本书的确与众不同，它的独到之处就在于教会你运用一些秘而不宣的技巧，以帮助你（无论是你本人还是你所在的组织）合法地在商界获得成功。需要特别指出的是，本书将向你充分展示运用一流侦察手段的价值，以使你更好地理解并操控（后面还会有一些类似的鼓动性词语）你的客户、对手，以及供应商。你不需要有型的风衣，逼真的假胡子，昂贵的窃听器。你只需一些基本常识，良好的直觉，强硬的战略决策，坚定的伦理标尺，就可以成功地使用书中描述的这些技巧。

然而，尽管本书并非教唆人们要弄伎俩，但对于隐藏在为国家服务表层下的商业准则，本书也绝不会盲目乐观地加以推崇。间谍活动虽然大多离不开下列鼓动性词汇：操控、推销、设套、引诱，以及其他相关词汇，但是中情局的官员多半属于你所见过的最道德、最具爱国心、最讲原则的人。他们仅仅在为了获取积极而理想的成果需要担负较高的风险时，才会使用这些争议性的手段。

基于这一点，你们大概想起我们在商业大全中都学过的SWOT模型了吧？[这是关于企业竞争优势（Strength），竞争劣势（Weakness），机会（Opportunities）和威胁（Threat）的分析，说给那天上课时一直昏睡的诸位。]关于本书的目的，我们可以忽略竞争优势（S）这部分。为你的公司创造优势不是本书的主题；对于如何研发更优质的新产品，你可以利用个人时间加以解决。本书的侧重点在于分析竞争劣势——换言之，人类的弱点。通过进入秘密世界，你将切实体验真正的机会与威胁。我不会鼓励你罗列自己的想法，召开“头脑风暴”会议，或编制相关数据的专栏或图表。要想成功进入隐秘状态，你需要凭直觉判断哪些是机会，哪些是威胁，并且能够做出适当反应。

为了使你迅速以密探的身份开始思考，我将本书分为三部分。第一部分将介绍进入秘密世界所需的基本技能。这部分将证实并总结中情局官员使用的多种技能，这些技能也可在工作场所为不同阶层的人使用。我们同样安排了相关练习，以帮助读者更好地调整自己的侦察技能。

为了获得更宽阔的视野，在第二部分，我们将后退一步，探究中情局官员的“教程”如何使所有企业受益。这部分的章节将讨论一些秘密世界的技能和技巧，它们将在企业内部发挥作用，以提高绩效和产出。

第三部分将回归到个人层面，使读者把自己新发现的技能应用到具体的商业情境中。这部分的章节将探讨如何使用秘密世界的技巧以应对相关的客户、供应商以及商业对手。

再次说明，本书的目的绝非教唆、鼓励，抑或推广企业间的间谍行为或任何不道德的行为。与此相反，本书旨在分享一些忠诚的且有奉献精神的情报官员使用的技能，使企业界也能从中获益。

基本原则

正如我此前所说，秘密世界的基本要求在于不断收集人类情报。在这里，“情报”这个词显然是指秘密信息，而“人类情报”即说明这些信息直接来自于人，其获取方式也绝非通过技术手段——例如，黑客攻击或是电话窃听。中情局工作人员的本职工作就是从有机会掌握秘密信息的人那里获取信息，坦率地说，他们的本职工作就是“盗取”他人的秘密。

我想，此时此刻，你一定想知道这些和商业有什么关系——尤其是正当合法的商业。毕竟，一个公司的专属商业信息，无论多么重要，也无法与关于敌对国家的秘密生物武器兵工厂的信息相比。而且你们当中大多数人（如果我判断正确）无论如何也不想盗取其他公司的专属商业信息。既然这样，为何还要不厌其烦地阅读一名前特工所写的商业书籍呢？

原因很简单，秘密世界的技能适用范围很广，是你获取他人信息可以采取的通用方法。

在商业背景下，你或许正在找寻新的工作，获取晋升机会，期待一笔大订单，或探求有利于你公司的规范性管理。无论你寻求什么，总会有人通过手中的权力帮助你达到目的。本书就是要教会你采用更为有效的方法，获取必备的信息，最终获得成功。

詹姆斯·邦德遭遇债券市场[①]

对于秘密世界的技能——通常称为“间谍情报技术”——与企业界之间的协同作用，我们可以通过对比的方式加以了解。首先请看一个经典的间谍故事脚本：

> 约翰是一名正值职业生涯中期的中情局官员，多年以来他一直试图渗透进一个敌对国家的核武器项目，不过均以失败收场。然而，他最终得到了一个扭转局面的良

① 邦德和债券在原文中均为“bond”这个词，原文的重复使用具有修辞的效果。——译者注

机——该项目首席设计师因酒后驾车被逮捕，当时他正在另一个合作国家与家人度假。利用这名核专家身处囹圄的窘境，以及给予丰厚回报的允诺——只要他充分配合。约翰成功地说服他投靠美国，并提供有关这个国家核武器项目的绝密信息，其价值难以估量。这条妙计很快就产生了连锁反应。不久就有“消息”称，官方迟早要取消该项目，甚至可能发生更加糟糕的情况。得知这一“消息”后，大批位居要职的官员和科学家放弃了这个已经受到严重怀疑的项目，以避免遭到起诉，他们也期望像其前同僚那样，得到一笔可观的酬劳。最后，这些起着关键作用的官员和科学家的离去，大大削弱了该国的研发能力，而这一新兴的核武器项目最终搁浅。

现在，我们设想一下类似的（尽管戏剧性没那么强）发生在商业世界的脚本：

高科技X公司尽管具备先进的研发部门，但在市场竞争中总是敌不过对手高科技Y公司，其新产品也一直被压制。在残酷的专营市场中，占领第一位对于产品的成功是至关重要的。尽管可以无可争辩地说，X公司产品质量更好，可似乎就是无法走在前面。最终，X公司人力资源部副主任也找到了解决问题的关键。Y公司最高项目经理刚刚与公司董事长进行了一番激烈的争吵，得知此消息，X

公司迅速为其提供了一份令人无法拒绝的工作。该项目经理的投诚不久也造成了连锁反应：由于他深受职员们尊敬，一批忠诚的下属也跟随他离开Y公司，他为X公司带来了一支才华横溢的团队。这一集体叛逃事件使得Y公司的项目管理队伍大大削弱，而X公司则赢得了一批天才般的雇员，也赢得了竞争优势。

这两个案例的共同特点是把握住了时效性机会（time-sensitive opportunity），把竞争中的关键角色吸引到自己这边。而时效性机会都是由两个脚本中的主角赢得的（分别是中情局官员约翰和X公司人力资源部副主任），他们建立的情报网络能及时向其通报这样的机会。此外，两个案例中，主角不但通过精心策划，把关键人物挖到自己阵营，而且造成了多米诺骨牌效应，出现了大批人员投诚事件。两个脚本中，情报的搜集以及接下来对情报的巧妙使用，促成了一次决定性的招贤纳士，使一方的实力明显增强，而另一方则受到重创。

相似的例子不胜枚举，情报搜集与企业界之间也总在发生协同作用。而一些其他相关业务需求也能通过下面的特工技能得以满足，其中包括：

了解客户的需求。

自我定位，为下一步的升级做准备。

在供应链暴露问题之前，找出它们并加以解决。

预防针对你的公司的商业间谍行为。

在困难时期鼓励员工与公司站在一起。

判断你可以真正信赖的人。

找到能帮你实现成功的团队成员。

应对危机。

这份清单可以不断地加以延伸拓展。这本书的最终目的就是教你像特工一样思考，像特工一样行动，并通过情报搜集技术获得成功。

特工的独特品质

假如你和詹姆斯 · 邦德不是那么相似的话，你或许会对本书能否教给你间谍情报技术表示怀疑。请放心，几乎没有人能像肖恩 · 康纳利[①]那样自由穿梭中情局兰利总部的大厅。其实，刚刚上岗的中情局官员，对他们第一天工作的反应通常是……无比失望。

几乎所有刚刚从事间谍服务的雇员都会有同样的表现。我们会显得很激动，很紧张，甚至前一晚都不会睡好。这绝不同于其他行业的第一天工作；因为这是在中情局！我们需要通过

① 肖恩 · 康纳利是詹姆斯 · 邦德的第一任扮演者。——译者注

复杂的安保程序才能最终走进那道门，一切都充满了未知。我们不会和其他人进行眼神交流，因为我们无法确定与别人接触往来是否妥当，特别是在新雇员报到的场合。主动握手的人寥寥无几；更不会有人做自我介绍——我们不知道分享彼此的姓名是否被允许。大家都深藏不露，慢悠悠地品尝杯里的咖啡，观察新雇员接待室里其他人的动向。而我们看到的只是一些……普通人。这时候，我们通常会发现自己原来是多么天真，我们一直都设想着自己的工作同伴一定酷似好莱坞电影里面的间谍，可他们看起来却是那么平平常常，这让我们很是吃惊。然而平平常常才是关键所在。毕竟，当执行跨境任务时，你若长得太像布拉德·皮特或者安吉丽娜·朱莉，你能不惹人注意吗？一个拥有出众外表的特工能执行好窃取任务吗？

不过，尽管在大多数情况下，中情局官员的外表显得很普通，普通得甚至有些不可思议，但是一旦有机会和他们聊上一阵，你很容易就会发现他们的卓越品质。出色的特工靠的就是他们独特的品性，而非其外表。优秀的中情局官员通常魅力超凡而绝非华而不实，善于探听但不好管闲事，亲切友善而不会吵嚷生事，聪明过人而不卖弄知识，信心满满却绝不自以为是。最重要的是，优秀的特工都是伟大的听众。

一名优秀的特工可以轻松自如地发起谈话，甚至还能把一次看似普通的闲谈导向彼此都感兴趣的话题。谈话中的某个时刻，你会惊奇地发现，是你在滔滔不绝地谈话，而特工则是毫不费力地从你那里获取信息。此后，一旦你与这名特工不期而遇，他会一清二楚地记得你提供的每一个细节，而你也不必对这种不可思议的本领感到惊讶。

优秀的中情局官员都具备卓越的品性。他们魅力十足，机智诙谐，他们的话语总是那么深入人心。但是他们不一定就是那个“中心人物”。通常他们不会刻意地开玩笑，或是请你喝一杯又一杯的饮料。他们是那种把你带入一场愉悦的长篇谈话当中的人，而你会发现自己总会一反常态地把埋藏颇深的个人信息分享给他们。

目标

当然，上述的特工品质将为中情局筛选应聘人员提供参数。某种程度上说，入选的应征者一定能笑谈古今，魅力无限，才思灵敏，循循善诱。应聘者需要经过大量的性格测验，还要经受训练有素的心理学家的筛选。不过，并不是说一名优秀的中情局官员的所有技能都是与生俱来的。我们的训练目的就是通过介绍相关技术，从那些不愿配合的信息源头那里，温和而优雅地提取这些信息。我们通过培训能够运用自身的自然能力去达到一个特定的目标。

下一章将会详细论述训练方法，使你和你的组织有所裨益。每个人都能成为一个更好的听众，一个更有影响力的说话者，和一个普遍意义上更令人信服的人。无论你是一名工程师、律师、推销员，还是一名会计，你都能从这种特工式的训练方法中获益。即使你的人际交往能力早已埋没在堆积如山的文书工作或八小时工作周期的苦差事中，以及充满明争暗斗的职场中，我都能教给你怎样更好地去做一名听众，更好地促使对方透露信息，从而更好地操控这盘使你通向成功的棋局。

02

特工训练营：

提升你的应聘技能

中情局秘密行动处的官员们都是世界上最优秀的推销员——这一点不假。这些官员的本职工作就是劝说人们心甘情愿地从事间谍活动——违背誓言，放弃忠贞，触犯法律，挑拨朋友，离间同事，直至背叛家人。显而易见，这样做风险颇高，因为触犯间谍罪的后果大多是终身监禁或处以极刑。间谍游戏就如同一笔巨大的生意，参与其中的人需要严肃认真，不容有失。

只要设计一种屡试不爽的方法，说服人们秘密地向美国政府提供敏感信息，所有的问题不就迎刃而解了？显然，这样的方法根本没有，不然，对于长期存在且情况严重的情报空缺问题，我们的官员就不必深受煎熬了。然而，中情局官员们每天都不得不辛勤地工作在前线，步步为营地补充情报信息的不足，这些信息可能挫败下一场正处于计划之中的恐怖袭击，发现隐藏的核武器库，或揭发下一个奥尔德里奇·艾姆斯。[①]

通常，中情局官员招募新成员都要经过这样的周期性过程：发现人才，评估能力，培养特工，正式招募，处理（对“管理”之内涵的悲观表述）雇员。完成这个循环，少则几天，多则几年。这个过程，有时一帆风顺，有时前途难料，特别是当你抛出一个重大问题时，你无法预知自己是被录用为正式特工，还是不得不在第三世界的牢房中任职。

对于被任用的人员，中情局官员向来都是十分关心的。很多时候，他们充分尊重雇员们的个人动机，并亲自负责确保雇员们的安全。而在其他时候，他们或许会反感某个“资产”(asset)（在中情局话语体系中，雇员通常被冷冰冰地称为“资产”），尽管如此，在每次见面前，他们还是要硬着头皮，故作姿态，以示对下属的关心，同时他们还要不断提醒自己，虽然这个“资产”行为不端，应受指责，但他还是能接触到一些至关重要的信息。

由于语言和文化的差异，以及组织工作和安全保障方面的要求，聘用人员从事间谍活动的过程十分复杂。不过，尽管每

① 奥尔德里奇·艾姆斯：前中情局官员，后为苏联克格勃提供高度机密的情报，1994 年被联邦调查局逮捕并被处以终身监禁。——译者注

次招募过程都不尽相同，但是普遍性因素还是存在的，这些因素就像积木一样，是整个招聘过程中必不可少的步骤：

选定目标

策略诱导

证实事实

建立信任，密切交往

中情局特工通常要花费数月时间来磨炼这些方面的技能。他们要根据真实事件演练各种内容翔实、场面生动的剧情，而且难度不断增大，效果不断增强，这样，通过设置更多的障碍和更强烈的心理体验，每次聘用新成员都能使招聘过程得到完善。这些中情局中的“积木”在企业界具有同等重要的价值，本章将以中情局运作的潜在原则为根基，为读者提供一系列拓展练习。每一讲提供的技能都可应用于企业——无论是你自己的组织，还是竞争更加激烈的市场。你即将看到的这些技能不仅与特工活动相关，它们还是通用的技能和策略，在很多环境下都行之有效。

选定目标

选定目标是一种双管齐下的信息获取过程，使你充分接触自己感兴趣的个人或组织。首先，你需要确定谁能让你得到所需信息。接下来，你需要巧妙地设计一个“钩子”，以“钩住”

目标对象。间谍活动中，选定目标的工作侧重于确定某些特定的人，这些人有机会接触到很多美国政府感兴趣的信息。请看下面的假定案例：

美国当局怀疑在欧洲某国的首都存在一个秘密恐怖组织，根据一份秘密举报，该组织即将在接下来的一年对美国大使馆发动袭击，几名嫌疑成员也已被确定。然而，由于该组织实施严格的安全措施——不使用电话和电子通信技术——情报官员很难摸清这个可疑团伙的计划和意图。而对于即将发生的袭击，若缺乏确凿证据，欧洲的执法人员将不能展开行动。打入该组织的唯一机会就是从中招募并培养间谍——他们或来自组织的核心集团，或能够接近核心集团。中情局目标选定专家迅速开展工作，以确定合适的候选人。通常，只有那些和嫌疑恐怖分子关系密切，并持续接触恐怖分子的家人、邻居，及其他各色人等才能被列入合适的信息员名单。最终，一位中情局官员选中了公寓大楼的房东，而这些嫌疑恐怖分子就居住在这座公寓。当这位房东得知这个组织的成员正在他的房间内储备炸药，他表示十分乐意配合工作，他将提供这些人出入公寓的各种动向，允许进入其住所。掌握此路径等于掌握了足够的归罪证据，最终这些恐怖分子依法被逮捕。其中一名组织成员刚刚入狱就供认，他们即将在一个月内发动袭击。

在该案例中，信息提供者（“谁”）的身份决定他可以天然地接近这个组织的成员，而他并未加入组织。现在我们来探讨在企业背景下如何选定目标。

玛格丽特是一个只有五个人的软件公司的老板，她知道公司的产品在亚洲存在巨大的市场潜力。问题在于公司内部无人具备开展国际营销的专业知识。而对于雇用具备资质的新成员，从而把公司推向海外，玛格丽特又无确切把握。而所谓“国际引导者”的漫天要价又让她有些心灰意冷。她也曾尝试与另一个自称可以打进亚洲市场的公司展开合作，不过最终以失败告终，因为该公司的承诺根本无法兑现，玛格丽特也为此伤透脑筋。在走投无路的情况下，玛格丽特召开了一次员工会议，指示所有雇员在其人际关系网中进行最宽泛的搜索；她注意到公司的未来取决于他们能否找到具备专业知识的人才。当天晚上，一份候选人名单摆在了她面前。名单上有公司接待员的表亲，此人在曼谷从事国际贸易律师的工作；还有公司雇员的大学校友会成员，他们为数众多，令人印象深刻，并且值得信任。最后，一位校友联系人同意为玛格丽特担任顾问，同时他也享有优惠条件：一旦帮助公司实现雄心勃勃的海外销售目标，他将得到一份丰厚的奖金。

在这个企业案例中，目标选定工作确定的对象（“谁”）对于开发国际贸易有着丰富经验，同时由于他与公司（雇员）存在人际关系，他更愿意接受这份顾问的工作，尽管丰厚的奖金回报存在不确定性。

对于目标选定工作，除了可以像上述企业案例中策略性地运用人际关系网，还可以通过其他的方式取得成功。在许多商业情境中，目标对象（“谁”）或许很容易发现，然而“钩子”却未必那么容易找到。几乎可以肯定地说，你十分清楚自己需要打动谁，那个人希望得到工作，获得晋升，或者从事一笔大买卖。如果情况确实如此，目标选定工作也可用于筹划怎样与决策者进行至关重要的第一次会见，以及如何推动会见取得预期成果。

目标选定指南：找到“钩子”

嘉琳是第二次到南美洲执行任务的特工，她必须加快行动步伐，因为她的目标对象早在几个月前就已被指定，然而事情仍然毫无进展。这个目标简直无法接近——他离群索居，既不外出活动，也无社交往来，他从不接见陌生人，其住所由私人保镖日夜巡逻，不速之客难以入内。为了同目标建立初步接触，她绞尽脑汁，用尽了一切办法（都没有奏效），直到一个偶然的机会，她得到了一则至关重要的消息：目标对象的小儿子正在申请去美国读大学。

以这样的“钩子”作为武器，嘉琳假借一个私人基金会的名义安排与目标对象进行会见，承诺基金会将为留学生提供奖学金。这一次，目标对象很爽快地答应了同嘉琳的私人会面。尽管她最初为了会见而使用了欺骗性的伪装，几次会面之后她还是透露了自己真实的附属机构，并最终成功地招募了这名捉摸不定的目标。

中情局官员花费大量时间针对目标对象制作个性化的“钩子”，一个合适的“钩子”通常包括下面三个要素：

初次见面的理由

建立联系的理由

持续见面的理由

理想的“钩子”能使情报官员迅速与目标对象建立互利关系——即使这种关系建立在欺骗的基础上。

在企业界，你当然不希望通过谎言建立新的商业关系。因此，从根本上说，对于企业的目标选定工作，应重点研究套住目标对象的那个“钩子”。在互联网时代，为了接近某个人，我们很容易就可以查找到相关信息，并以此作为理由。例如，在向一位潜在的新客户的办公室拨打销售电话之前，在召开由高管们参加的常务会议之前，在一系列的工作面试之前，应对参与者进行充分研究。若你不知道参加会议的都有谁，那么一定要查清楚。做到这一点其实并不是那么尴尬；你只需声称自己带到会议上的材料是专门针对具体人员的，这样你的询问将变得有理有据。（此时你不可粗心大意——一旦你为自己的询问给出了这样的理由，你需要预先准备好那些具有“专门针对性”的材料，并递交给相应的参与人员，不然你会给人一种不负责任的印象。）

在线社交网络——对情报官员来说是一把双刃剑——意味着将有更多个人信息，更多潜在的“钩子”在网络上公开出现，这是前所未有的。尽管这些网站更多是向年轻人群体倾斜，而不是头发灰白的主管阶层，但它们依然有其自身价值。即使你公司的首席执行官没有Facebook的主页，也有可能积极地参与一些慈善机构、校友会、俱乐部，或专业组织。所有这些交际关系为你提供一条便于研究且公开透明的足迹，循着这条足迹，你可以随时洞悉在何处，以及如何会见并“招募”能使你得到自己所需的那个人。

成功地使用网络信息有时需要一双巧手。你不希望让目标对象感觉被人跟踪，他们一定会尽快拒绝你的工作邀请或是商业订单，因为你的存在方式实在令人毛骨悚然，仿佛阴魂不散。不过，你也可以通过给他写信寻找办法，例如，你可以提及自己曾聆听他在一场慈善活动上的演讲，这样就为建立共同兴趣点提供了绝佳的机会，同时要注意你的溢美之词需要形式专业，内容得体。

因为本章标题为“特工训练营”，所以提供一些练习是理所应当的，这样可以帮助你磨炼自己的秘密世界的技能。即使你并不想真正完成这些挑战，我仍然鼓励你至少在头脑里将其演示一遍。练习提供的新策略和思维方式几乎等同于中情局官员每天所使用的学习技能。

目标选定练习

让我们从一个简单的练习开始。为了使你更细致，更敏锐地选定目标，我们可以从一种逆向操作的方式开始。挑选出你熟识的三个人，而他们彼此并不认识。他们最好具有不同的社会经济背景，来自不同的地理区域。尽力找出兴趣、职业、习惯各不相同的三个人。

接下来，为每个目标对象单独制定一份清单，详细列举出你将和他们以何种方式在何处建立联系（假定你并不认识他们）。从最基本的要素开始着手。清单的具体条目可以包括：

教堂或礼拜场所

俱乐部会员

工作地点

爱好

临近地区

专业组织

校友会（包括兄弟会以及妇女联谊会）
网络团体会员

尽情发挥你的创造力，罗列出所有的共同熟人，你将通过他们被介绍给目标对象（如果你需要至少两层熟识关系的引荐才能接触目标对象，你将得到额外加分）。你的目标有子女吗？如果有，那么他们一定会经常参加体育项目、学校活动，光顾游乐场及其他儿童活动场所。当然，你的目标很可能会不耐烦甚至十分恼怒，特别是正当他们兴致勃勃地观看女儿的足球比赛的时候，你却在一旁喋喋不休地推销产品。然而，目标选定工作不仅仅是定位和接触目标对象，还包括同他们建立利益共同点，这要求你的接触方式恰当得体，富有亲和力。

现在，对这三张清单进行比较。你是否会对自己罗列如此之多的见面场所感到惊讶呢？这三个目标之中哪一位是最容易接近的呢？哪一位拥有最庞大的公共交际网呢？因为你对这三人都很熟悉，你不妨设想一下，当你按照清单上的地点或按上面罗列的其他方式与他们接触，他们会做出什么反应。哪一种建立联系的方式最有可能产生积极的回应？而哪一种方式最有可能造成消极的结果？而哪一种方式最巧妙、最自然？

这个练习的后半部分——即考虑目标对象对于特定的接触方式所做出的潜在反应——与罗列大量的见面场所清单一样重要。若不做这一层考虑，即便设计的自我介绍再完美，你同样会犯下致命错误，因为目标对象有可能会认为你咄咄逼人、不够专业，且行为冒失。

利用自己的熟人不断加以练习，你将掌握选定目标的诀窍，从而将其应用于职场生活。运用目标选定原则，你将会发现越来越多帮助你实现目标的人，无论你的目标是一份新工作，还是一位新客户，是一笔新交易，还是一件新产品。

策略性诱导

在好莱坞电影里，中情局官员的工作就是不断地对信息持有者展开攻势，为了攫取信息而进行一轮又一轮的审问。而现实的情况是，他们花费大量时间不断地完善一种更为巧妙、非暴力的技巧——即诱导而非审问。两者的差别极为关键。使用策略性诱导从而获得想要的答案，通常要避免直接问问题。你不可能到竞争对手面前要他们直截了当地透露商业秘密，是吧？这样做无疑会成为众人的笑柄，受到同行的非议，甚至被列入黑名单。

策略性诱导需要你通过一种和蔼可亲的方式问问题，而不会引起对方的警觉，这样对方有可能会透露一些通过直接问问题都不易得到的信息。这不是说要“哄骗”对方回答你的预设问题，而是在对方浑然不知的情况下，一点一滴地获取信息片段，慢慢地将其拼凑起来，从而得到一份完整的答案。

在情报界，策略诱导的使用已发展成为网络化形式。首先，确定关键信息的缺口；其次，情报分析师有针对性地制定问题，一旦这些问题得到回答，将填补这些空缺；再次，运用目标选定原则，找出可能会回答这些关键问题的对象，有时候，关键信息可能仅被一人掌握，而其他时候，很多人都能针对某一问题做出阐释，一般而言，掌握信息的人越少，获取的难度越大；最后，派遣情报特工深入部分或全部的信息源头以收集信息。采集的信息碎片将从总体上进行分析，最终绘制出一份完整的图景。

请看下面的案例，其中论证了策略性诱导原则如何应用于情报工作。

一个敌对国家情报工作的主要任务是了解有关美国政府开发的战略导弹防御系统的进展情况。这个国家曾尝试招募美国高级军官为其提供信息，几次愚笨的尝试都失败了，而且还造成了国际外交制裁。因不堪忍受国际舆论的强烈谴责，该国对外情报局决定采取一种耐心而稳健的办法，并派遣特工对参与开发该防御系统的所有相关方进行地毯式搜索，他们和数十个潜在的信息源取得了联系，其中包括下列人员：一位大学教授——他的最新研究对于系统性能的发挥很有帮助；一位分包商——他在投标过程中收到了关于技术规格方面的要求；一位基层政府官员——他曾参与有关该项目财务监管的文书处理工作；一位旅行代办员——他负责为那些参加一次重要的筹划会议的各方代表做出行程安排；一位记者——他曾为报导另一个不相干的故事进入军事禁区，而那里正在对新系统进行测试；还有一位中级工程师——他曾为该项目工作，而现在正在寻找其他工作。通过对大量的人员进行询问——每个人都被问到，而问题本身并不可疑——该敌对国家最终得到了一份令人吃惊的信息——其国家安全正受到危害。

想一想，这样的案例不会被用到企业界吗？（如果你认为不会，）请再认真地想一想。贸易展销会、职业社交晚宴、特定行业的会议或研讨会，甚至是老式的高尔夫球场等场所都可以用于收集信息，而信息持有者对此毫不知情。无论是在酒吧或是在俱乐部的休息室，那些在谈笑之间看似无关痛痒的信息，只要从总体上加以分析就不难发现，其透露出来的内容将大大超出你的预期。对于这种威胁，我们将在下一章进行详细论述。

然而策略性诱导的工作并不是一个浩大的工程，也不必雇用一组具有小型军队规模的情报官员。就个人而言，你只需知道自己需要的信息究竟是什么，然后预先设定各种问题及（或）找准能使你获得所需信息的谈话方向。请注意，提问方式以及提问内容都是至关重要的。过于含糊不清或谨小慎微都不会让你得到所需的信息；然而过于直言不讳或咄咄逼人也将导致沟通失败。

在两个常见的企业情境中，策略性诱导是特别理想的技巧：一个是产品首发会，另一个是求职面试。

现实世界的诱导技巧

在一次求职面试过程中，应试者自始至终没有说过一句话，你有过这样的经历吗？根据我的经历（我也算是经历过很多令人难堪的面试的老手了，因为在进入中情局之前，我曾数次跳槽），这样的面试是最成功的。简单地说，人们喜欢谈论自己，喜欢和对自己谈话感兴趣的人交谈，这是人类的本性。

以此而论，运用策略性诱导还涉及如何让你的面试官们告诉你他们想听你说什么。初学者可以很容易地搜集信息，了解面试官期望求职人员做出何种回答，最终成功地通过面试。请设想一下下面的面试谈话，其中应聘者应用了最基本的策略性诱导技巧：

面试官：我们开始之前，你还有什么问题吗？

应聘者：您提到自己已经在这个公司工作了十几年。您能否谈一下自己的职业发展情况，以及您是如何取得成功的？

面试官：很有趣的问题。初来这里的时候，公司还不具备自主营销能力。那时我经验不多，却担负着相当大的职责。我从零开始，打造营销团队，在这个过程中我不断增长智慧。我一直很幸运，因为高管们一直鼓励我发挥创造力。我越是证明自己，允许我自由发挥的空间就越大。我可以非常高兴地讲，公司对于我的辛勤付出也不断地给予奖励——这些年来我不断得到晋升，逐渐达到今天这个位置。

从这则简短的情景对话中，应聘者已经初步掌握了面试官的价值标准中的几个关键要素：足智多谋，发挥创造力，具备首创精神，乐于及时地证明个人价值。以面试官的回答为依据，应试者已经掌握了重要的细节信息，并将应用于后面的面试提问。我们可以继续设想接下来的面试环节：

面试官：好的，现在介绍一下自己吧。你为什么觉得自己胜任这份工作呢？

应聘者：是这样的，我和现在的雇主一起工作已经有几年了。几位杰出的导师教会了我许多东西。而现在我已准备就绪，需要一展身手，担负更多的职责。您会发现我喜欢开拓创新地思考问题，我同样希望得到一份合适的职位，做出一番业绩。我非常愿意积极主动地开展工作，我已准备好迎接一份全新的工作，发挥自身优势，充分施展才能。

在这个过程中，应试者透露了自身的哪些品质呢？什么也没有（他仅仅如天才一般运用了一些在企业白领间常用的陈词滥调）！老练的面试官通常期待应聘者提供更详细的信息，以进一步证实应聘者笼统的说辞和套话。然而，应聘者已经为自己设定了一个应答框架，其中就包括面试官早已透露出来的想要在公司取得成功的核心要素。

请注意，应聘者并没有像鹦鹉学舌那样逐字重复面试官之前的回答。这是策略性诱导的关键所在。若应聘者使用和面试官大致相同的措辞（“我很有创造力，很有智慧，希望通过自己勤劳的工作获得回报”），这样的回答很容易被察觉，而且显得十分拙劣。与此相反，对于面试官所列举的成功要素，应聘者进一步引出了详细信息，并做加工处理，运用这些细节资料精巧地制定了自己的应答版本，虽本质上相似，却并不雷同。

为了训练你的策略性诱导技能，请尝试完成下面的练习。除了那些活泼外向的人，这些练习对大多数人极富挑战性。

策略性诱导练习

上一个练习对你来说太容易了，因为你可以使用熟人的信息进行目标选定训练。不过，训练策略性诱导技能，你就必须从温馨舒适的熟人圈子里走出来，面对真正的陌生人。如果你已经准备好迎接挑战，请挑选你的目标对象，这个人要有和你不同的文化背景，甚至不能流利地讲你的母语——这是我们中情局官员每天都要面对的局面！不知道去哪里找目标？没关系，试试去民族餐馆就餐，或者去民族杂货店购物，那里雇员的文化背景一定是你所不熟悉的，接下来你就可以与他们进行沟通了。以顾客的身份发起对话，你的理由再自然不过。

开始之前，请你确定1~2个在谈话中希望得到回答的问题。接下来就是难点：你不能直接要求对方提供信息，而且要与你所熟悉的商业交易毫不相干。当然，你也不要在泰式餐厅里询问女招待解酒面辣不辣（泰式解酒面本来就是很辣的），这不符合规则！你的提问不需要多么刁钻复杂，只需要完全绕开手头的任务即可。例如，在一个俄罗斯餐厅里，设法让调酒师告诉你他最喜欢的颜色；或想办法知道清真杂货店里的肉贩开哪种车。

这的确是个艰难的任务，而一旦你性格内向，羞于交谈，这必将是一种折磨。而直截了当地针对预设问题进行提问是不可取的，这样做容易脱离谈话语境，令人莫名其妙；你需要事先安排好一个充分的理由，使交谈顺理成章地沿着期待的方向，引出所需的信息。

上述策略性诱导练习或许有些让人为难，甚至强加于人，因为你已习惯了正常的交流带给你的相对自然的言语流动（例如进店购物，有时根本没有不相关的谈话），而现在，你不得不尝试着（通过人为设计谈话）引出看似随机（实则不然）的信息。无论如何，请你不要烦躁。策略性诱导的运用越像是公开进行的正常交流，循序渐进地提取所需信息就变得越容易。你或许会很开心地发现，在企业界中使用策略性诱导技巧远比在练习中简单得多。你的任务仅仅是设法让你的客户告诉你，他们想从你的商品推销辞令中了解哪些信息；而一旦你掌握了从陌生人那里获取私密信息的技巧，完成该任务简直轻而易举。

策略性诱导指南：帮助性提示

对某些人来说，与其搭讪要比其他人困难。那么，对于这类谨慎少言的人，我们该如何从他们口中提取信息呢？下面是情报界所使用的一些颇有助益的技巧：

先舍后得。将谈话导向目标话题时遇到麻烦了吗？请试试有些情报人员经常使用的策略，我们称之为“先舍后得”。谈谈你自己的职业规划、财务问题，以及其他个人资料。如果你做得很得体——用一种谈心的，且易引起信息交流的方式——你就会很自然地得到对方的相应信息。但是，请注意，如果你最终泄露的自己的信息比你获得的目标对象的信息还要多，就没有达到本技巧之目的。

策略转换。狡猾地运用（话题）转换策略，通常是“摆布”他人的好帮手。如果需要引出的信息性质敏感，且无从下手，你就要一步一步地接近它。首先，在与目标联系人开始谈话前，制定一份“（话题）转换路线图”。预先布置几个用于聊天的话题，这些话题要具备相关性和合理性，最重要的是，对目标对象不构成威胁。接着，你可以毫不费力地从这些话题一点一点地转向更敏感，更重要的真正的“兴趣话题”。有些话题是很贴心的，且具有普遍性。例如，体育运动和天气——巧妙地讨论这些话题好比让目标对象在跳板进行热身，他们终将跳入更为棘手的主题之中。预先策划以及巧妙接触是此技巧的关键所在。

重要推荐。如果你向目标对象表明，你的拜访是由于一位可信任的——就此而论，甚至可以是中立的——第三方对目标对象的极力推荐，那么奇迹将会发生——你的目标就会以一种更为轻松自在的方式和你谈论敏感问题。你可以尝试在不经意间随口说出关于第三方的资料及其独到的见解。你的表达可以很简单，例如，“希拉告诉我，您是一位名副其实的专利法领域的专家。”这等于向目标对象传达了这样的信息：由于你和双方共同的熟人（希拉）之间的联系，目标对象应进一步信任你；同时，由于你对目标对象的工作性质有了较为深刻的理解，因此和你更深入地探讨这个话题不会有什么危害。

证实事实

为了获得所需的信息，除了要有恰当的提问方式，你还需掌握更多的技能。有时候，就像培养诱导性技能那样，学会倾听与观察一样可以取得成功。毕竟，你或许只需关注一些蛛丝马迹，就能随时得到自己找寻的信息。你可以想一想自己参加过的那些无聊的会议——你必须耐着性子将其听完——会上人们彼此打断对方的谈话，总是想要说服对方，下面的听众不是在编辑短信，就是在默默查收新的信息。的确，毫无意义的会议严重影响生产力，但是快节奏的企业文化以及时常需要应对的多重任务，对于工作效率要求很高，而我们也学会了忽视外界干扰（有些重要的信息也因此被忽视了）。由此，为了获取所需信息，中情局官员不仅要训练口头上的诱导技能，也要学会积极倾听，认真观察。谈话中获得的信息与另一渠道获得的消息，彼此不是相互证实，就是相互抵触。如果风险太高，为了证实事实，你就不应依赖单一的消息源。

此外，有些信息是不能简单地通过策略性提问来获得的。例如，动机。什么促使了那些潜在的间谍把绝密信息透露出来，这是中情局官员需要经常探究的。有些人是为了钱，有些人是出于意识形态方面的原因，有些人只是追求刺激。通常来说，有多少间谍就有多少错综复杂的动机。中情局官员的本职工作就是发现并利用那些潜在雇员的缺陷，并赋予他们做间谍的动机。确定并熟知他们的缺陷和动机在企业界同样重要——你的谈话对象可以是你的老板、客户、同事，乃至竞争对手。你的老板也许会偏爱那些从他母校毕业的雇员，你的客户喜欢在高尔夫球场上赢球的感觉，你的同事计划着提前退休，而你的直接竞争对手对于金发女郎十分着迷。这些信息可以帮助你对他们的行为做出预测，绕开陷阱，同时你也可以利用他们的缺陷和动机，使自己受益。但是，这种类型的信息具有高度私密性，且只有通过长期仔细的观察才能获得。因此，你更需要不断强化自己的观察本领。

证实事实练习一

中情局官员经常挂在嘴边的一个准则就是“要信任对方，但也要查证”。通过一种方式就能获得信息固然很好，但如果相同信息得到了多重信息源的证实就更好了。这个练习表面上非常简单，而它的难处在于掌握技能并不断使用。

首先，选定你的目标。你需要在一个例行公事的场合与其进行交流，而你对此人并不十分熟悉。一位和你没有私交的同事是理想的目标对象。

你需要挑战的就是努力获取其详细的个人信息，还要通过使用两种不同的信息收集方法证实两次。换句话说，你需要用三种不同方法收集相同的信息。

你可以选取一个简单的问题作为出发点，例如弄清楚你的目标曾在哪里读大学。在闲谈之中，你就可以轻松地得到答案；毕竟，一所大学并不会让人产生怀疑。接下来，你需要调查这位同事的办公桌；很多人都把咖啡杯和其他随身用品胡乱堆放在上面。（你还需要留意）这位同事的车上有保险杠贴纸吗？手上戴有毕业戒指吗？在公司便装日身穿印有大学徽标的汗衫了吗？你同样需要关注互联网：有些大学为男性毕业生建立了可搜寻数据库，很多人——无论是出于个人发展还是职业规划的考虑——会把个人简历以及履历张贴到网上。最后，你可以向另一位同事询问相关信息。请一定慎重，确保此人事后不会向你的目标对象进行通报。一旦知道自己正受到你的调查，你的目标对象会对你起疑心。

当你通过三种不同方法收集到的信息相同，该信息可被认定为“经过查证的事实”。同时，留意一下通过练习自己的观察技能提高了多少。坦诚地说，你的这位同事通常会把车停在很远的地方，这时你还会留意车上的保险杠贴纸吗？然而，你或许不会相信，这种通过简单的一瞥就轻松得到的信息将在未来大有用处，特别是当你需要和这位同事交流的时候。

掌握了这位同事的教育背景之后，你还要在其他目标对象身上练习搜集另外一些容易获取的零散信息。调查你的目标是否对体育运动感兴趣是另一个简易的练习方式——例如，某人汽车上安装了自行车停车架，引用兰斯·阿姆斯特朗①的话作为电子邮件个性签名，有剃腿毛的习惯（如果他是一个男人），这些都表明此人对自行车运动怀有浓厚的兴趣。

避免在执行任务时过于唐突，过于强势，无论何时，只要对方问你为何要知道某些信息时，你就可以认为自己已经失败了。如果发生了这种事，就请退后一步，选择另一名目

① 美国公路自行车运动职业车手，环法自行车比赛七冠王得主，后被查出使用违禁药物。——译者注

标对象和另一条需要收集的信息，而且要更慎重、更耐心地进行交谈。

这里的关键既不是窥探你的同事，也不是搜集关于他们的流言蜚语，你需要理解，信息收集方式具有多重选择，应训练自己收集那些平日里容易忽略的信息。

那么，对于那些不能单纯地从汗衫或是保险杠贴纸获取的一些细节和信息，我们该如何收集呢？例如，你如何证实一个人的性格、价值观，或者动机？你如何判断进而证实某人是否值得信赖，忠实可靠，颇有天赋？当然，收集此类信息需要更长的时间，需要在不同情境、不同条件下对目标对象的行为进行观察。但是，如果你需要对某些人做出结论，而没有充足的“观察目标时间”——正如中情局官员所说的，那么你至少需要训练自己避免一些常见错误。

无论是商业领袖，还是中情局官员，总是需要做出瞬间判断。例如，中情局官员有时需要现场做出评估，对于其招聘论调，目标对象是否已经做好聆听的准备。要求某人冒着生命危险去为美国政府做间谍无疑是错误的决定，而这样做也将给情报官员带来极端的后果（对于情报官员来说，被捕入狱可不是职业生涯提升的表现）；同样，为了招聘人员以填补那些高薪而重要的岗位，企业高管们经常需要依靠仅有一页纸的简历和匆匆忙忙的面试，对应聘者做出评估。我们所有人都曾或多或少地在仓促间即兴地创作出一些最动听的甜言蜜语，以平息我们的老板、客户、配偶的怒火，扭转糟糕的局面。

为了在情况紧急时尽可能不做错误的决定，我们应该对已经掌握的信息加以利用。如果没有资料证实这仅有的一点信息，我们会设法做出合理假设，凭经验进行推测，甚至有时需要孤注一掷。很不幸，这样的冒险经常造成更大的损失。

用假设替代确凿的数据无疑是对正确决策方式的毒害，尤其是当你即将对某人做出重要判断之时。这是因为，对于人的性格、价值观，以及动机的假设往往依据的是评价者固有的刻板印象。刻板印象就像是在精神上不断填充垃圾食品——缺乏营养物质，而一旦长期依赖这种印象，我们将变得懒惰，我们将用头脑中的已有“信息”来填补信息空白，而不是花费时间和精力来了解事实，确证数据。

每当决策时刻到来之时，你所做的都不会太多，在掌握全部事实之前，你就会做出选择。然而，对于自己经常使用的思维捷径，以及较为依赖的刻板印象和思维偏见，你至少应在最低程度上加以理解并对其负责。下面的练习是为了阐明并分析你可能会做出的有关他人的假设。

顺便插一句，如果你认为自己是“一名合格的性格鉴定师”，“一个本领超群的测谎仪”，“一位直觉敏锐的观察家”，我会鼓励你特别认真地关注下面练习的结果。为什么呢？因为，坦率地说，你可能是错的。通常，你的这种自信只是对于自身假设和偏见的一种自负。幸运的是，通过结合心智训练和对内在偏见更深入的自我意识，这种倾向可以得到纠正。

证实事实练习二

小时候，当我在机场候机时，常常以游戏的方式打发时间。我会根据人们的衣着和行为特征，猜想他们旅行的目的地。不合时宜的穿着是最容易猜出来的。如果旅客在隆冬时节穿短裤，他们通常是要到热带地区度假（当然，只有当他们已经被晒得黝黑，才能说明他们正在回家的途中），如果他们披着厚重的风雪大衣，说明他们是要去滑雪场游玩。我还会努力判断出我的目标要走哪道门，每猜对一次就给自己加一分。

本练习就是从这个儿童游戏衍生出来的。这些技能和观察本领，非但不简单幼稚，还为很多执法机关和情报机构所运用，对嫌疑犯或潜在的新雇员建立可用的个人档案。不过，有充分理由表明，这种做法是存在争议的：这是因为，这些技能可能成为有用的工具，但也可能仅仅是事与愿违的假设，因此我们应该更好地了解如何运用这些技能。

在和他人正式相识之前，你应事先营造一种可以对其充分观察的环境。聚会和婚礼是理想的场合。你的练习对象也可以是你的新同事，并且最终你会对他们有更为深入的了解。

首先，远距离观察你的目标。留意他们的穿着打扮、言谈举止、外貌特征、面部表情、肢体语言，以及和其打交道的人之中，最吸引他的人是谁。在不和你的目标对象直接对话的情况下，尽可能多地获取信息，这个过程要相当迅速，不能让对方发现你凝视的目光。

基于你的观察结果，试着为你的目标编一个“故事”。他是谁？他来自哪里？接下来，尽力猜出关于他的下列问题：

种族

教育程度

职业背景

宗教信仰

收入水平

婚姻状况

兴趣爱好或其他活动

另外，快速草拟一份关于他的人格剖析图。他有着怎样的个性特征呢？活泼外向？聪颖过人？爱开玩笑？粗暴生硬？居高临下？和蔼可亲？为了从一种远处观察的角度制定好这份人格剖析图，对于无论是目标对象还是同他打交道的人的行为举止，你都要留心观察。

不断审视你对目标对象做出的心理反应，精确找出究竟是他的哪些行为以及其他变量使你做出这样的论断。例如，你是因为他的肤色认定目标对象是斯堪的纳维亚人吗？你是因为他的身高判断他爱好打篮球吗？你是因为他穿着昂贵的老式西装就认为他是个富裕的律师吗？

很多时候，把引起你猜想的那个变量识别出来是很困难的。通常我们的假设都是依据模糊的印象，或是转瞬即逝的线索。但是，弄清楚你倾向于使用哪些线索来形成自己的看法，是本练习的关键之处。对我们提出假设的自然倾向加以确认，明确表达，尤其是不断完善是很重要的。

接下来的练习环节将变得很困难。你需要竭尽全力，确保你制定的档案资料准确无误。由于情境的不同，你既可以选择直接的方式——和目标对象谈话并提取信息，也可以选择间接的方式——向一位共同的熟人询问。无论你做什么，都要掌握分寸。大摇大摆地走到一个陌生人面前询问他的收入情况通常是无法让人接受的，不过，你可以运用策略性诱导技巧来获取信息，而对于你（先前）掌握的档案资料，这些信息将帮助你进行证实或加以否定。

利用多个目标重复这个练习，你将会获得大量需要分析的资料。而对于你自己准确度的分析是该练习最为关键的部分。你的猜测哪些完全正确，哪些大错特错？哪些线索使你的猜测最为精确？根据哪种方式做出的猜测更精确，是人的行为，还是身体特征？对哪个群体的剖析更为精确？是男性，还是女性？是青年人，还是老年人？通过了解哪些变量容易使你犯错误，你将不断地提高自己的评估能力。

一般而言，与目标对象的相同点越多，人们对其评估就越准确。例如，你很有可能会认出一枚毕业戒指，那是因为你曾在同一所大学就读，或是你认识某位曾在那里上学的人。你还有可能认出一双昂贵的意大利皮鞋，因为你自己就有一双。前海军陆战队士兵，似乎总能在众人之中分清彼此，这仅仅是因为他们特有的军人作风。

不过，说了这么多，你也应该知道，人们在通常情况下对他人所做的个性剖析都是不怎么准确的。因此，如果你这个练习做得很糟糕，请不要惊讶；你的表现准确与否不是重点。而本练习的重点在于确定你自己的偏见和臆断，然后了解它们是如何以及在何时让你犯错误的。采用这种方法，当你需要当机立断之时，你至少能对自己的偏见加以控制，而这些偏见也就不会被错误地当作经证实的事实。无论是在情报界还是在企业界，能够利用有限的资料做出正确的决策都是非常重要的。

密切交往

为设法完成一个招聘周期，中情局官员所使用的第四个，也是最后一个技能就是不断努力同目标对象密切交往，建立信任。做到这一点就像听上去那样简单明了。你希望你的目标对象为了你的利益而冒一些风险，不是吗？无论是聘用间谍使其向你出卖政府机密，还是要求自己的老板在自己和同事之间优先提拔自己，都无关紧要。不论哪种情况，你都需要赢得目标对象的信任与尊敬。

请注意，我没有说他或她一定要喜欢你。建立密切交往的关系并不意味着你必须成为目标对象的新晋密友。实际上，我是想告诫你不要这样做。没有人是出于喜欢选择自己的脑科医生，是吧？所以请你不要试图建立一种朋友关系——你只需努力建立一种互利的职业关系。

说到这里，我们或许应该在书中稍稍退后一步，谈一谈注意事项。

关于谦逊的一课

上一章我们提到了中情局官员对工作第一天的典型反应只是失望。假如我们把时间快速调整到一年之后，还是同样的一批人，只是他们已经在“农场”（中情局专业训练场地，那里条件艰苦，但是远近闻名）中进行了大量严格的训练，你会发现现在这些新打造的官员们最常见的特质就是……傲慢。不用担心——这只是一时的情况。不过，傲慢的态度的确容易导致一种短暂的倾向，使他们不是自吹自擂，就是逞强好胜。

你知道，特工受训人员在训练时总是被关在一个奇形怪状的透明房间里，他们学习技能的时候是无法接触到真正的秘密任务的，而这些技能将帮助他们在海外执行任务时取得成功，并确保安全。高强度的训练使很多人一次又一次地失败，还有很多人选择中途退出。不过关于训练强度，确实有很多经过精心设计但情节虚构的场景。训练结束后，所有受训人员将得到一份表格，上面罗列着自己成功完成的“任务”。他们都经受了模拟审讯的考验，掌握了如何发觉暗中监视，完成了携带大量假钞穿越虚拟边境的任务。这种虚假的成功，外加一年多来被人称为“佼佼者”、“顶尖人才”、“精英中的精英”，很容易使受训人员多少有一些自我膨胀。

曾有一段时间，我负责监管新成员的训练工作。这些人员聪明伶俐，勤奋认真，在加入中情局之前，很多人在各自的职业领域都取得了很大成功。经过一年多的魔鬼训练，这些人似乎做好了要征服世界的准备；他们已经有些得意忘形了。他们的骄傲自大使我想起两件事：一是自己所在的中情局新兵训练营，那是在我当初作为新兵结束训练之时；二是我的同届大学毕业生，大家都来自常春藤大学联盟[①]，他们都曾是雇主们千方百计争夺的人才，也都曾得到数额巨大的入职薪酬以及签约奖金——雇主们对此十分慷慨。因此，我非但没有为这些新兵的骄傲自大感到不快，反而觉得十分有趣。我懂得，这些新成员就像刚刚毕业的大学生一样，很快就要直接面对这个真实的世界，而他们将再次学会谦逊。

---

① 美国东北部地区八所历史最悠久的名牌大学组成的联盟。它们是：布朗大学、哥伦比亚大学、康奈尔大学、达特茅斯学院、哈佛大学、宾夕法尼亚大学、普林斯顿大学及耶鲁大学。——译者注

新成员的骄傲自大主要表现在他们过分强调——用大写的“C”强调（原文“Charming”意为“有魅力的”，首字母大写表示强调）——自己多么有“魅力”。这些“魅力”包括长时间握手，夸张的笑容，带着些许傲气的目光；他们放声大笑，花大量时间进行预热式闲聊而不进入正题。在我们最初的对话中，他们不断地使用我的名字，而有些人为了强调观点，甚至会伸手轻轻地触碰我的手臂，仿佛身体的接触就可以增加其语言的分量。很让人厌烦，是不是？我们都发现了——这是二手车推销员才会使用的老套手法，他们还会夸耀自己是自学成才的行家，而且懂一点通俗心理学，诸如此类。做生意时，如果对方显得过于友好，且这种友好给人一种牵强而做作的感觉，我们通常会感到紧张不安。

事实上，这种过分的个性表现在中情局是很常见的，对此在情报界同僚之中有个经常使用的回应方式——“不要试图（像）‘情报官员’（那样对待）我。”在这个语境中，“情报官员”用作动词，意思是闲聊、胡扯，或伺机操纵。千万不要这么做！在企业界，对于这种行为，客户会认为你缺乏诚意，管理层会判断你不自量力，同事会觉得你喜欢自吹自擂，而下属则会反感你的居高临下。

正因为如此，我没有为了锻炼你与其他人密切交往的能力而设定专门练习——无论如何，你可以通过个性化的方式完成此任务——我反而添加了一条注意事项。建立信任、密切往来需要通过自然的、循序渐进的方式进行接触和行动。你需要抓住每一次不起眼的机会，通过自身的专业能力证明自己本领超群，且值得信任。若每次会谈时你都为客户端上一杯拿铁咖啡，你或许会得到对方的喜欢，但是这种喜欢其实仅仅停留在咖啡因层面上——你的殷勤不是续约的保证。你最好是通过诚信、率直和专业技术缓慢而平稳地刷新业绩记录。

通过熟练的目标选定，找到能帮助自己成功的人，通过策略性诱导，找到为取得成功而需要的信息，然后有条不紊、平静耐心地同目标对象建立信任、密切往来，做到这些，你将会惊喜地发现自己顷刻间身价翻倍，变成了不可或缺的关键人物。

03 商业反间谍：保护你的隐私

夜渐渐深了，原本聚满了展销会参会人员的宾馆酒吧，只剩下了为数不多的几个人。一个衣衫不整的男人，独自喝着闷酒，酒杯马上就要见底了，这时，来了一位女士，手上提着一个沉沉的、印有本次展会标志的帆布包。她走近男人，坐在了他旁边的吧凳上，无精打采地把包放在了自己身旁的空位上。女人瞟了一眼这个孤单男人标有姓名标签的胸牌，又指着自己的胸牌，暗示他们都是这场展销会的参会者，然后问道："嘿，你是在庆功呢，还是在借酒消愁？今年想把产品销售一空，看来还真难啊！"

其实，男人最近的销售时运一直不佳。几杯烈酒下肚之后，他并不介意告诉这位身穿职业正装的陌生人，自己已经厌倦了目前的工作。当得知女人了解一个与他背景相关的、极有可能的空缺岗位时，他立即兴奋起来，并迅速将自己调整到面试时应有的样子。为了很快给这个很可能帮助自己获得更赚钱的职位的女人留下深刻印象，他对自己当前的工作表现和之前自己作为技术人员在国家某政府实验室的工作经历夸夸其谈。过去的成就很可能被他描述得有点夸张，但女人似乎已被深深感动，还坚持说要再买几杯酒水。

故事中身穿职业正装的女人就是我，而那个男人正是我盯上的一个目标。我在远处观察了他很长时间，发现他只是一个人坐在那儿，并没有任何同事或者同伴，还喝了好多酒，已变得口无遮拦。我意识到这是和他搭讪的千载难逢的好时机。他带着浓重的口音告诉了我想知道的关于他背景的所有信息，包括一些致命信息，这些信息正好与他在国内工作过的那个高度机密的政府实验室正在进行的研究项目密切相关。我花了几杯酒水的钱，顺便提供了一点就业机会的线索，就从一个展销会参会者那儿换取了对美国政府极有价值的信息。

我们大多数人都相信自己才不会那么容易被骗。在嘲笑那个男人轻易上当之前，先进行一下换位思考吧。想象一下，你一直奔波忙碌，从展销会到客户的公司，再到公司专用会所，最后又得回到展销会。白天你得待在机场，晚上得一个人住酒店，日复一日，漂泊不定，很少见到家人朋友。在这种境况下，一位素不相识的衣冠楚楚的业界同仁想和你友好亲切地聊聊天，难道你不会欣然接受吗？这个男人肯定不是一个容易上当的人，他只是一个典型的孤身漂泊在外的商客。我敢肯定，他无论如何都不知道自己所提供的信息具有机密性或者极具价值。

如果你身处他的境地，你会认识到这是一个骗局吗？这一点我表示怀疑。如果不会的话，你如何提高个人和企业反间谍工作的意识？接着往下看！多年来中情局官员一直在和骗取情报的活动作斗争。如今，公民个人也越来越多地面临着信息被骗的威胁。本章的目的就是要告诉你在这个竞争激烈的商业环境中，你需要了解些什么来保护自己和自己的公司。

新现实催生新规则

反情报工作的关键就是要避免自己在不知情的情况下被情报分子盯上而沦为一名受害者。如果你因为你的工作没涉及什么“机密”，觉得自己可以随意地跳过本书这一章的话，我劝你再想想，因为机密情报的定义及其价值都是在不断变化的。

冷战结束后，间谍游戏的流行方式发生了很大变化。各国实施新的开放政策，敌对势力改善了彼此之间的外交关系，这些都大大降低了国家机密的重要性。然而，随着经济全球化理念的发展，技术进步使得世界顿时变得小了很多，企业商业机密的价值开始一路暴涨。冷战后全球政治经济的变化使得间谍在原有的领域里无用武之地。忽然之间，传统的政治舞台对情报人员的需求大量减少，而商界则对他们的需求大幅增加。间谍人员，这个本质上充当中间商角色的一个群体，也就欣然接受了这种转变。

然而，这些变化大大降低了间谍活动的可预测性。例如，在过去，苏联国家安全委员会很清楚他们搜寻的目标是什么，也很清楚他们得花多长时间才能彻底破解一次间谍活动。但现在，忽然之间出现了一些全新的目标。出差的商务高管开始怀疑自己不在酒店时，有人一直在他们的房间里。销售代表在高度专业化的展销会上突然变得大受欢迎,还莫名地发现自己收到了大量的社交邀请函。世界某些地区的商务旅客会惊奇地发现，深更半夜，衣着暴露的魅力女郎敲开他们酒店房间的门，却声称是怀着一种“练习英语”的强烈的愿望。那些经不住诱惑的人会经常发现第二天早上他们的钱袋变轻了，随身携带的公文包和笔记本电脑也屡屡被盗。有些中国官员接触美籍华裔工程师后，极力追问关于种族和文化忠诚等敏感信息。间谍战术就这样渗透进商业世界里，着实令许多高管措手不及。

很快，间谍活动的规则和参数便发生了根本变化。

国家机密已不再是商业间谍活动选择的目标，间谍游戏已经转向了私营企业。原因很简单，说白了就是钱。事实上，据美国联邦调查局估计，每年因商业间谍活动造成的损失高达数十亿美元。数十亿！这并不奇怪。想一想，有多少合法的——也包括非法的——从公司获得敏感数据的方法吧。下面只列举了一小部分：

电子监视
偷窃电脑
专利审查
身份盗用
装扮求职者
采访前雇员
电脑网络入侵
网络蠕虫病毒
挖走核心员工
跟踪商业特刊
制作钓鱼网站
分析公司网站流量
分析员工出行方式
栽培公司里的特工人员
没收因公务出行海外官员数据

通过《信息自由法》监管裁定信息

从咨询人员或承包商那儿获取信息

从他人公司心怀不满的员工处获取信息

在业界活动上从无防范意识的员工那儿收集信息

公共记录搜寻（一种公共情报搜索服务）

垃圾搜寻（一种实体攻击的方法，攻击者搜寻垃圾以找出可能含有密码或机密讯息的废弃文档）

逆向工程（根据已有的东西和结果，通过分析来推导出具体的实现方法）

不要以为这些极端的事例只会发生在汤姆·克兰西（Tom Clancy）的小说里。早在 2005 年，美国惠普公司董事会成员在电话记录尚未获取之前便被要求去接受审查；2008 年美国副总统候选人莎拉·佩林（Sarah Palin）的个人电子邮件账户遭到黑客攻击。甚至，就在我写这本书的时候，关于美国传媒大亨鲁伯特·默多克（Rupert Murdoch）持股的英国小报的窃听丑闻还在每日更新。这些都是实实在在发生的事情。

你的竞争对手会使出浑身解数来获取信息，所采用的方式或极为平常（数据挖掘）或高调轰动（敲诈勒索）。所得信息都是你不愿意提供的那些对他们而言具有竞争优势的信息。商业反间谍就是要努力识别并挫败这些破坏性的商业间谍活动。

不要从传统意义上认为你的工作没有涉及敏感信息，就跳过这一章。毫无疑问，那些和政府定有绝密合约的公司都实施了大量安全防范措施。通常这些公司会聘请内部安全专家（其中许多人以前都是美国中央情报局或美国联邦调查局官员）为接触机密信息的员工提供严格的反情报训练。但不要认为你每天处理的信息未被美国政府归类为机密信息，就觉得它对别人毫无价值。

例如，在人力资源部任职的职员能够获悉其他员工的个人信息，还会提前知道企业重要的人事变动情况；律师、会计师和财务专业人士会掌握客户的敏感信息；许多政府职员有机会获得对被监管方来说很有价值的监管信息；医务人员严格控制着个人医疗信息；软件工程师有权使用源代码；从事研发的科学家知道公司下一步将推出什么产品；行政专员知道他们老板的家庭地址、度假安排和会议日程（许多情况下，都是老板的助理参与）；网络管理员能够获悉任何一家公司的所有电子数据。看门人在无其他人在场的情况下，有机会闯进室内使用电脑。这样的例子不胜枚举，窃取信息的机会更是无处不在。

你会从法律、法规、职业道德操守或道德伦理标准等角度对以上这些本不该发生的泄露信息事件表示抗议，但在抗议之前，请先花点时间来考虑一下现实吧。是的，这些事例可能是非法的、不公正的，还会对正常的活动起反作用，可以说是完全错误的，但它却实实在在发生了。内幕交易的发生；将源代码泄露给海外制造商进行盗版生产；小报杂志获取并高调发布包括布兰妮·斯皮尔斯（Britney Spears）和惠特尼·休斯顿（Whitney Houston）在内的事关名人隐私的医疗数据；电影和音乐专辑海外上映或出版的正式发布日期提前出现；员工倒卖或泄露数据，甚至不小心将带有数据的笔记本电脑遗留在了出租车后座上。这些都是现实中发生的事情。

不管你喜欢与否，窃取信息总有其广阔而强劲的市场。从事黑市数据处理的人总是世故圆滑，操控力强，他们极其擅长从同谋和不知情的人那里获取信息。

是不是觉得有些恐惧呢？传统的情报安全训练和精明的保密协议使用对保护你的敏感数据非常有用，但法律和技术防范措施能发挥的作用毕竟有限。最终而言，也没有什么方法能从根本上防范他人收集情报。从个人角度来说，最好的防范就是要增强自身敏锐的防范意识，提高识别骗局的实践能力。而增强自身的防范意识比了解其他的都显得更有效。

反情报训练

为了体会在不知不觉中收集情报是一种什么感觉，你需要在精细的战略性训练中积累更多经验。本次训练的重点将更多地放在上一章训练过的新技能上。训练看起来会略显重复，但这种不易察觉的引诱性脑力训练进行得越多，你就会越擅长识破他人对你的秘密信息的打探行为。

本次训练将包括两个部分，一部分涉及一位陌生人，另一部分涉及的是你的一位同事。你将会明白为什么后者对反情报工作更重要。

首先，你需要找一位与你素不相识的陌生人作为目标。最好是找一位自由暂时受到限制而走不开的人作为目标，在飞机上或者火车上遇到的邻座的商务旅客就是很好的人选。用你在第二章学到的引诱性谈话技巧，套出该目标未来职业计划的具体相关事项。这些具体事项是由他（她）现在所从事的职业决定的，可能是一个“跳槽”计划，也可能是一个盼望已久的晋升或退休计划，还可能是一个特定的专业素养培训计划。

包含这些内容的谈话并没有过度侵犯目标的隐私，甚至没有超过与一位商务人员进行的一般聊天范畴，所以，这可能看起来很容易。然而，有一点你必须记住：谈话必须逐层递进，多管齐下式地进行诱导。为了达到目的，首先你要和目标搭讪，建立和谐的关系；然后确定目标的职业，把谈话引向目标所工作的行业，重点谈谈目标的事业状况；最后，引出目标对未来职业计划的安排。

如此看来，与飞机上的邻座进行闲聊来获取想要的信息，还真是一件很自然的事情。然而，在这种训练中，有一个关键问题你需要弄明白，即：你要循循善诱，提问题时必须环环相扣，逻辑严密，使聊天顺利清晰。

如果你发现实现自己谈话目的的时间非常有限，却遭遇了一位爱换话题、老跑题或是一位闲聊高手，不要感到奇怪，美国中央情报局官员就经常遇到这种事情。有时候你只想聊一个简单的技术问题，可你的目标却坚持喋喋不休地谈论他与自己岳母之间的问题。那你就需要在控制谈话和让讨论顺利进行之间找到一个平衡。

接下来，到了训练的第二部分，你需要找一位同事或一位熟识的商务人员，重复上面这个训练。所选目标得是一个你非常熟悉的人，而不只是限于你认识他（她）。这次要收集的是目标未来职业生涯计划或其未来或现在正在进行的某个项目的一些具体信息。

很快，你会发现与同行和有职务往来的熟人进行交谈会更直接。毫无疑问，与他们交谈达成谈话目的速度会远远超过那些陌生人。这种顺利和自然只适用于本次训练的第二部分，因为你在和一位认识你且熟知你职业背景的人交谈，你有内在的缘由去获取一些与职业相关的信息。这与训练的第一部分有所不同，你不必花时间去建立亲近的关系，也不必采取迂回的策略，就能达到谈话的最终目的。

“那又怎么样？”你可能会对本次训练心存疑虑。不过，已有的感情基础还真能对他人产生信任和亲密关系，熟知这一点的人都会利用它来专门窃取秘密信息。我在本章开头描述的那个场景中特别提到：我手提帆布包，佩戴参会胸牌，还穿着一身职业装，就是为了用这些外在的特征即时地建立起我和目标之间的共同之处。我们参加同一个会议，表明我们是同行；

也意味着，和十足的陌生人相比，我们彼此能够进行更坦诚的交流。如果我身穿旅游休闲装，在一个很偶然的地方和目标相遇，找机会和他（她）开始闲聊，要把话题转向一些职业方面的事情上就困难多了。目标就很可能对我的做法心怀疑虑，认为我另有图谋。

反情报安全提示

由于你已经有了在各种场合下积极掌控局面的经验，现在若有人试图从你那儿窃取信息，你就能更充分地意识到一些预兆。你可以用下面这些措施来进一步保护自己。

出行时，只带上你需要的有用资料。若想带一台手提电脑服务于你的旅行，那么电脑里不要携带你的个人数据、保存的密码或其他的敏感信息。你可以利用包括生物识别存取设备、移动硬盘驱动器、加密软件、数据消除程序等现有的技术来保护数据。在旅途中，你很可能成为信息窃贼瞄准的对象。所以，一定要提前做好预防安排。

对公共电子场所要保持警觉。尽量避免在网吧、宾馆的商务电脑、公共场所Wi-Fi接入点使用网络。如果你不检查你所使用网络的安全性，想让数据被盗，那你就用吧。

粉碎材料。粉碎材料是保护数据时最基本但很重要的做法。粉碎的文件对那些在垃圾箱里搜集信息的人来说没有任何价值。

留意自己在公众平台上的活动痕迹。通过搜索网络以及查询公共记录中的可用信息，对自己的身份信息进行严格的评估我最近帮一个朋友研究了他的公众活动痕迹，通过短短几分钟的搜索，我查到了他的照片，知道他担任一个体育队的教练，还知道了整个赛季的比赛时间表和比赛地点。此外，我还在一家美食网站上看到了一些帖子，在这些帖子上，他为一次即将到来的国际旅行推荐餐厅提出了一些咨询，相关日期也都能查到。更有甚者，在公开的财产记录详单上，我不仅查到了他的家庭地址，还查到了他买房时的高额花销。可想而知，在他外出时，我要是有兴致盗窃他的豪宅，一定机会无限。

在社交网站、博客和推特上活动时，也要保持警觉。这些地方可能是你和亲朋好友保持良好关系的地方，但在使用它们时，你应该想一想是否会有人怀着不良的动机来看你发表的帖子。在注册账户资料时，无论你多么注重安全设置，也一定要记住：建立社交网络工具是为了共享数据，而不是保护数据。

不要被某种亲密感或某些专业资质提供的安全错觉所蒙蔽。工作室中坐在你相邻隔间的同事，闲话突然比平时多了好多，可能是因为他正在和你竞争某个职位，这正如在展销会后你遇到的坐在你旁边的那个人一样——看上去很友好，接二连三问的问题却是别有用心。

要相信你的直觉。如果你的“反情报感”告诉你有地方不对劲，那就要立即行动。可以转移话题来分散谈话伙伴的注意力，有必要的话，离开谈话的房间。如果你的谈话伙伴坚持用连珠炮似的提问来刁难你，他（她）就是对你粗鲁无礼、无视你的存在，或是执意要从你那儿得到信息。在这种情况下，你完全有理由结束这个谈话。

面试时，要坚定地把握好界限。在去一家以前的竞争对手公司求职面试时，向面试官透露一些信息，证明你拥有丰富的知识，这看起来似乎很诱人。但一位信誉良好的面试官，了解你本人的兴趣应该远远大于你以前的雇主。

公务在身，宴会放后。在疲惫不堪的红眼航班飞行中，或是在你的生物钟不适应多时区时间变化时，使用酒精和睡眠辅助药帮你临时打打盹，这看起来似乎很奏效。不过，你要注意，酒精可能成为间谍最好的助手。我经常不停地用酒水来灌醉我的目标，从而影响他们的判断力，促使他们讲话口无遮拦。可能你会认为只要你不喝醉，保持大脑清醒，就能控制好自己。但请相信我，只要你稍微受到一点酒精的影响，你就会成为别人的目标。

在这个信息极具价值的世界里，一定要对信息保持警惕。然而，我要以冒着出卖自己的风险提醒你，不要对保护信息过于偏执。我认识许多美国中央情报局官员，他们都太过于保护自己的秘密身份，甚至连一些无关紧要的个人信息都不愿向别人透露。由于他们这样过于神秘，不但使人们和他们进行正常的谈话变得极为困难，还让他们自己变得格外可疑。

此外，在现实中，商业反间谍一般更多涉及的是企业组织而非个人。除企业高管人员外，企业极其个别的人员也会因为除亲密关系和个人疏忽之外的原因被间谍分子瞄上（换句话说，他们是在错误的地点和错误的时间被瞄上的）。除非你身居特别敏感的职位或你有特权访问严密归类的数据，否则，信息窃贼一般会认为你和普通同事没什么区别（就像当初认为你与众不同一样！），只是把你当作他们获取数据的不同来源之一。所以，即使你只是拥有基本的防备措施和警惕性的感知能力，你也可以大大减少被骗的机会。这就像一个小偷选择目标时会剔除有狗看门的家庭，而去偷隔壁防备性差的家庭一样，数据窃贼也会选择最容易的目标去窃取信息。

如此看来，无论是应对有组织的商业间谍活动带来的威胁，还是应对一位试图破坏你晋升机会的同事，良好的警觉感和细微的观察能力对任何人来说都是有益的。不管你是乘坐头等舱飞往上海的人，还是坐地铁往返于市郊的人，商业反间谍基本原理都是你极具价值的工具。

有组织的反间谍活动

就反间谍工作而言，有组织的反间谍活动要比个人反间谍活动运作起来困难得多。这是由多种原因造成的。

首先，有组织的反间谍活动过分强调安全性和信息分类保密，结果往往会事与愿违，甚至是有害无益的。而个人反间谍活动，即使过于诡秘，也只会让人感觉是某个人过于冷淡或对他人不友好。倘若一个组织过于神秘的话，那它一定会败露。想象一下，一家公司高层管理团队被禁止共享资料，甚至彼此之间也不能共享资料，那将是什么状况？的确，这样做会确保他们信息的安全性，但也会严重削弱他们做出精明决策的能力。

由组织安全的定义可知，这种安全要求限制了沟通和协作。强行执行安全决议也有利有弊。但不管多么敏感的行业，要充分利用智力资本，最大限度地减少裁员，确保每个人都能得到必需的信息去完成自己的工作，保持一定程度的透明度和组织内部沟通是非常必要的。但要在沟通和确保安全上寻求一个平衡却很困难。美国中央情报局为了满足既分享信息又保护信息的要求，一直在不断纠结。多年来情报分析专家和情报收集者一直在反复争论，前者要使用数据得出完整的情报，而后者因自己必须承担偶然的信息泄露所带来的严重后果而有所顾忌。双方至今仍未解决好这个问题。但中情局官员们已经习惯了面临既保护秘密又分享信息所带来的困难，也适应了分享信息和泄密之间这个始终变化但界限不明的灰色地带。

真正的反间谍活动变化性极强，这也增加了有组织的反间谍活动的难度。这种变化性取决于多个要素，包括反间谍活动所涉及的行业、产品、你的竞争绝对优势、关键技能、相对优势和地理位置，甚至还有经济运行状况。然而，无论你是一个人穿着睡衣居家创业，还是在业务遍布全球的跨国公司任职，商业反间谍原理对你都有实际用处。如果你有一个竞争对手，不管它是一个同事，还是一家公司，你都有充分的理由去保障你的竞争优势。

大多数企业都陷入一个误区，认为有了适当的电脑体检和信息技术安全设置就足以保护自己的业务免受商业间谍活动或其他形式的破坏。但是，如果你仅仅依靠门锁和防火墙来保护信息安全，任何一个有钥匙和密码的人仍然可以获取你的信息。你的事业也将只能像你的大多数雇员一样停滞不前，他们或是道德欠缺，或是愁眉苦脸，或是邋遢凌乱，或是债台高筑(这里也是在数落你的窘态，如果有可能的话)。下面以一位多年来从他人那儿窃取机密信息的人为例，揭示反间谍活动在保障信息安全性和反间谍计划中忽视人性的弱点，最终导致计划彻底失败的道理，希望你在反间谍活动中引以为戒。

在长达数十年的时间里，美国中央情报局都相信自己运作着一个蓬勃发展的古巴情报收集项目。在很多情况下，心怀不满的古巴官员会走进美国驻古巴大使馆，自愿为美国效劳，并贡献他们所知的情报，这些官员也成了美国中情局运作古巴情报收集项目的最大资产。他们声称自己由于仕途受挫或受到菲德尔 · 卡斯特罗（Fidel Castro）

政权的迫害，而转向中情局，并愿意提供有关古巴的详细情报，这些情报都可以通过古巴其他投奔过来的、互不关联的官员提交的报告得到印证。这些印证，再加上大多数古巴官员都通过了测谎实验这一事实，都有力地证明了他们是在真心实意地为美国做间谍活动。由于古巴官员提供的情报在美国外交政策和军事决策制定中发挥着至关重要的作用，情报购买者和政策制定者迫切需要更多的情报细节。久而久之，古巴官员也被委派收集越来越敏感的情报，还被训练通过秘密通讯手段进行交流和活动。

接着，就发生了美国中情局历史上最糟糕的间谍事件。二十世纪八十年代末，几名古巴高层情报官员背叛美国，中情局在古巴暗中从事的情报活动计划惨遭曝光。据这些“真正”的背叛者透露，如果不是全部，那么也有大部分投奔中情局的古巴官员实际上都是双重间谍。他们不但一直在给中情局提供假情报，还把中情局官员给他们部署的敏感任务和他们接受的培训都报告给了古巴政府。结果，古巴情报官员明确掌握了美国的所有情报。更糟糕的是，古巴获悉了美国中情局所使用的方法和技术，并且弄清楚了许多中情局卧底人员的身份。在中情局的古巴官员的身份被揭露后，古巴时任领导人卡斯特罗还得意洋洋地公开谈论古巴长期对中情局的间谍活动，古巴电视台更播出了令中情局官员们备感羞辱的镜头——镜头里播出了秘密录制的活动画面，中情局官员们却一直以为这些活动极为保密。

古巴双重间谍案的惨败是美国中情局历史上极为尴尬的一个章节，中情局也花费了很大精力想弄明白到底是哪里出了问题。事后报告和相关调查不计其数，几乎严厉责问了与此相关的每个人。从那些未能抓住在测谎考试时实施欺骗手段蒙混过关的古巴官员的测谎主考人员，到未能发现项目一举一动被跟踪监视的情报负责官员，再到尽管面对越来越大的误差和警告标志，还不断向中情局施加积极收集信息压力的决策者，无不受到相关的责任追究。问题的根源在于古巴的双重间谍既能够规避技术性的安全措施（接受的大量训练使得他们能够通过测谎考试），又能避开实际监视（针对古巴情报部门的监测后来被证明都是无效的）。

那么，对私人企业构成类似上面这样的威胁，到底有多难呢？真可惜，构成这种威胁一点也不难。请看下面的这个类似事例：

南森（Nathan）是一家中等规模建筑公司的创始人，他自认为自己不但安全意识强，还是个技术高手。在职业生涯早期，在工作场所连续失窃了几台设备之后，他变得特别注意维护办公室和工作地点的安全，并要求雇员每个工作日结束后都进行一系列的安全检查，确保没有任何漏洞。此外，他还聘请了一位IT顾问来定期更新公司的电脑安全软件。雇员们并不知道他会定期监测他们的网络使用情况，也不知道他会阅读他们的电子邮件。但他认为了解雇员们在工作时间内做什么是他的管理特权。南森还觉得自己看人看得特别准。多年来，尽管他公司的人员大增，但他仍然坚持亲自面试每位求职者。很多时候，他拒绝一位求职者仅仅因为他的直觉告诉他该求职者不诚实。

在市场不景气的情况下，南森的业务运转得非常好。但在2008年，他开始在竞标中频频失利，并在年中被迫裁掉了几个项目经理和他的办公室经理。出于一种公平性原则，他实施了“后进先出”的政策，首先裁减了那些资历最浅的员工。裁员后不久，他开始时来运转，连续在几个大项目的竞标中取胜。好转的光景令他满怀欣喜，对公司的未来更是充满信心。于是，他决心帮助近期下岗的公司职员，让他们重返岗位。在公司业绩不稳、盈利下滑的日子里，南森忙得不知所措，也不知道把自己的联络簿放在了哪里。他在网上做了一个快速的搜索，查到了在公司任职还不到一年就辞职离去的前任办公室经理的联系方式。

出乎意料的是，他在网上查到的信息远远不只是那个前任办公室经理的联系方式，他惊恐地发现，一直以来，自己认为的那个勤勉高效的公司助手，原来是自己最大劲敌的儿媳，而对手爱耍手段的传闻他早已知晓。盯着这个前任办公室经理近期发布的结婚启事，凝视着结婚启事上她和她公公微笑的表情，南森意识到公司之前的低迷期远远不只是时运不佳造成的。难怪在与照片中这个洋洋得意的男人共同竞标中，自己会屡屡失败，负责公司所有投标编制并最终完成密封拍卖的，正是这个男人的儿媳。南森信任的助手一直在向其公公的公司泄密，使得她公公能够以低于南森公司的价格赢得竞标。知道这一切实在令人痛苦不堪。雪上加霜的是，在这个办公室经理上班的最后一天，南森多年积累的行业人脉关系联络簿竟然不翼而飞。

极其沮丧地和自己的律师进行了一番讨论后，南森决定不再追究此事。但这件事极大地伤害了他的良心底线和自尊，他内心常常会觉得竞争对手一直在嘲笑他竟是一个傻瓜。他知道，遭受这样一个重创，即使经济上能够振兴，但他内心永远也不再相信自己看人看得很准。

在上面这两个事例中，“双重间谍们”能够对他们的目标造成巨大损失，在很大程度上是因为这两个组织机构都过度依赖各自并不完善的筛选体系。一旦间谍们通过了初步筛选，便取得了目标的信任，他们就很容易在内部给目标造成严重破坏。

还有一点值得注意：在这两个事例中，被盯上的目标组织都过于关注技术和实体安全，而间谍们对目标机构造成破坏的方法却都相对比较简单。在第一个事例中，许多古巴双重间谍分子直接走进美国大使馆，并自愿提供服务。在第二个事例中，行为人很容易就谋到了一份初级职位的工作，这份工作能够直接将原始数据汇报给竞争对手。如果你能把情报人员安放在竞争对手身边，那又何必采用入侵他人电脑、窃听电话，或冒着侵犯他人风险的方法去获取情报信息呢？然而，许多公司在维护电脑和实体这些活动上花费巨大，却一直在忽视来自组织内部的基本安全风险。

在这两个事例当中，筛选程序都未起到应有的保护作用，所以古巴双重间谍们能够蒙蔽测谎官员，并能为彼此的信息相互印证；那个办公室经理也表现得值得信赖，勤勉能干。尽管有效的筛选程序至关重要，但它们仅仅只是职业反间谍实践活动的一小部分，下一章会详细讨论这部分。事实上，要从根本上保护公司不受商业间谍活动或某些蓄意行为的破坏，你必须假想你的公司内部已经潜伏了间谍分子。

假想内部存在信息安全威胁，这种想法听起来可能有些偏执和极端，在那些对雇员和同事特别信任和重视的人看来，尤为如此。如果你开始视你的同事为潜在的间谍，从长远来看，你身边不大可能会有一个忠诚的团队。因此，对于你来说，非常重要的一点就是：不要把这种内部的假想当作一种思维定势，而要在反间谍实践活动中把它当作一种实际的假设去鞭策你加强信息安全防范。

下面教你如何积极而有建设性地假设内部存在信息安全威胁：

第一，要确保自己的人脉根深叶茂。许多企业高管在职场的晋升之路上，平步青云，一往无前。毕竟，人人都想事业有成。但如果你的人脉网络都是由与你同等级别以上的人员组成，那你就失去了一个重要的信息源。你觉得对美国中情局来说，招聘一位来自富裕家庭的高级外交官困难，还是招聘一位在使馆邮件收发室任职十年也未晋升，还在为赡养体弱多病的父母、抚养三个年幼之子努力打拼的邮务员困难？与外交官相比，邮务员有更明显的劣势，但他与外交官一样能够接触到同样敏感的文件资料，所以中情局会将他作为招聘的主要目标。

这也并不是说你要尽可能地把基层雇员视为潜在的间谍分子，和他们保持距离。相反，你应该与公司各个阶层的职员保持联系，树立一个开放互动、广开言路的形象。这样，当公司有特殊情况发生时，任何知情的职员就会立即告诉你。此外，大多数商业间谍计划都是从基层打探开始的，公司里的基层职员会告诉你许多警告信号：客服代表会告诉你一系列奇怪可疑的询问；夜晚执勤人员会告诉你他看到有可疑人员在垃圾暂放区逗留；人力资源助理会告诉你一些员工从这里辞职去为某个竞争对手工作。如果下属不相信你会乐意接受他们所观察到的这些事，就不会把它们告诉你。这样，你在一开始就会失去宝贵的时机去了解这些潜在的威胁。

第二，尊重数据和直觉。中情局官员将收集到的情报交给情报分析专家，这些精通数据聚合分析的专家利用所得数据来观察事态发展，探测其中的微妙变化，并跟踪这些变化。除非你的组织机构有专门的竞争情报职能部门，否则你就得担任自己的趋势分析师。

大多数公司分析财务数据和行业趋势时总是一丝不苟。然而，他们对同样严重影响着企业生存的其他信息却是不理不睬。通常来说，与职员及客户之间联系最普遍最深入的人力资源部职员、销售人员和客服人员都是你了解行业内趋势的最佳助手。

观察行业趋势，要因行业而异。但从反间谍活动的基本角度来看，任何公司，无论规模大小，都应该注意以下这些事项：

辞职员工将去何处任职?

辞职员工曾任职于公司何处（哪个系或科，哪个部门，哪个分公司或哪个技术小组）?

新员工来自何处?

公众对贵公司的评价如何?

谁挖走了公司的顾客和客户?

竞争对手多长时间能赶上贵公司在特定时期内的发展变化?

以上问题的答案的集中变化会告诉你是否有人在试图挖走贵公司的人才，培养内部特务人员，破坏公司声誉，或是窃取公司机密。许多公司会利用员工离职调查报告和正式的客户满意度调查问卷来获得上述问题的答案。虽然利用这些形式收集数据确有其价值，但我认为还是有不足之处。首先，这些结果总会有偏差。在填写员工离职调查报告时，坦白地说，出于一种尽欢而散的想法（如果没有其他的考虑，那就是考虑到以后找工作时可能需要填写之前的工作履历），我们中很少有人愿意真实地填写相关问题。许多员工，即使有正当的理由埋怨，也会在离职调查表上克制自己不去填写真实的原因。比如说，在离职时，你在调查报告里写上“我想找一份离家更近点的工作”要比“我每带给新雇主一个客户，都会得到一份奖金”更易于接受，即使后者是真的。

客户满意度调查问卷得到的答案也会有偏差，因为只有最满意和最不满意的客户才愿意花时间来回答调查问卷中的问题。此外，再次坦白地说，这些调查问卷真的很令人烦恼。我们都会被铺天盖地而来的电话、电子邮件和信件所淹没，这些来电或来信要求我们通过“回答几个问题”来分享最近的一些体验，这些问题大到医疗就诊预约，小到小型网购。我当然明白数据收集的重要性，但作为一个繁忙的消费者，这些请求我大多根本就不理会。

很多要价不菲的咨询调查公司都会管理和分析数据，其中一些自称通过复杂的统计分析能够消除结果偏差。即便如此，趋势量化后收集数据，再把数据编译到可执行的文件中进行分析，最后撰写报告，等这一过程完成，你已经失去了大量宝贵的时间。

实际上，正如我在第一章中提到的那样，你需要培养一种发现威胁趋势的本能。这种本能来源于对行业知识的深入了解和对公司最新信息的掌握以及对微妙变化的持续关注。如果你能掌握好这几点，你就可以更好地发现威胁趋势，成为时刻跟踪反间谍活动威胁的晴雨表。这将比任何调查问卷都有效得多。

第三，倾听你的诋毁者。对中情局官员来说，最重要的就是要从最有可能对美国造成危害的组织和国家收集机密情报。比如说，与恐怖分子网络计划及其网络作战能力或敌对国家军事行动准备等情况相关的情报，其价值就远远大于某个友邦国家政治操纵的内部情报。事实上，一些被委派到西欧的美国官员，由于工作过于安逸并不需要履行艰苦的使命任务，而经常被人讽刺为“去参加巡回酒会”。一般来说，情报越是重要，其潜在的危害性越大，情报界给予的关注就越多，中情局官员收集到它们后获得的荣誉也就越多。奇怪的是，在情报界，一个间谍汇报的情报越是负面，他（她）的职业生涯却越光明。

在商业世界里却恰恰相反，没有人想听到坏消息，也没有人喜欢接受别人对自己的批评。两个领域之所以存在这种不同，其中一个原因就是支付报酬的动机存在差异。大多数薪酬机制都是在奖励目标的实现，大多数目标都是由正面的成就组成（比如，实现X目标或在Y时间表前完成某件事时，会有一份奖金）。很显然，人们都更倾向于关注那些接近自己目标的信息，以使自己更易于拿到完成目标后的奖金。所以，人们乐于报道并庆祝成就，而对问题则不予理睬。这种奖励机制差异随着你在公司里职位的上升而逐渐呈现指数性增加趋势，特别是，随着底薪在整个薪酬结构中所占比重越来越小，这种趋势就会愈加明显。与中情局官员们不同的是，公司里的首席执行官们获得报酬是因为取得了积极成果，而不是由于收集到了负面情报。然而，在商业世界里，你要是无视批评者的负面言论，你也就忽视了潜在问题带来的威胁。

在倾听批评者的同时，也要善于发现潜在问题的蔓延趋势。一位客户的不满会让业务经营付出一定代价。一批客户发起类似的投诉对业务经营来说就会是一个具有威胁性的事件，而这样的事件就需要经营者好好处理。企业组织内部也同样如此：大规模辞职风潮、员工士气低落、高层人事变动频繁或其他值得认真关注的负面趋势，即使对公司的利润还未立即造成显著影响，也值得及时关注。

前面我已经详述过，专门依靠问卷调查来获取信息结果会存在一些偏差，下面将介绍几种获取不同意见的其他有效方法，我将从企业组织内部和外部两个方面来阐述获取这些不同意见信息的技巧：

首先，要知道哪些职员离职时心怀不满。在职员即将离职时，应该委派一位较高层的团队管理人员与其进行离职面谈。中情局对那些离职时不欢而散的官员非常警惕，因为让一位多年来接触过绝密信息的官员心怀不满地离职，确实是一件很危险的事。私营企业也应该避免让雇员心怀不满地离开。如果离职面谈能够以一种一贯的、助人的、保密的方式进行下去，得到的资料会比书面调查更加准确。这种面谈可能会产生下面两种结果：要么解决雇员对雇主的合理投诉，要么雇员的无效抱怨只显示出他（她）本人根本就不适合该企业。即使某位雇员不适合你的企业，在他（她）最后一次走出企业大门之前，最好还是让他（她）知道你的立场。原因有以下几点：首先，承认招聘有误有助于改善企业的招聘流程。此外，知道谁离职时心怀不满，也可为企业找出可能的威胁。心有怨念的前雇员，可以将信息提供给你的竞争对手，损坏你的声誉，甚至破坏正在进行的项目。当然，大多数离职雇员不会做这样的事情，但为了皆大欢喜，还是让你的雇员心情舒畅地走出企业大门吧。中情局有一个密集的离职流程，这个流程里对离职员工安排了多个面谈，确保他们充分了解每位员工离职的原因，更重要的是，确保他们了解每位员工离职所带来的相关风险。

其次，要评估顾客的“心情”。除了收集与客户投诉相关的量化数据外，建立一种为客户服务的氛围也很重要。这听起来是否有点像骗人的小把戏？然而事实并非如此。想一想，以下这两个排着长队的人的不同之处在哪？第一个长队是由一群提前几小时排队等候，只希望自己能够成为最早买到最新一代苹果手机的人员组成；而另一个长队是由一群得知航班被取消后，排队等候在航空公司旅客服务柜台前的人员组成。只要你是一个知觉正常的人，你就会觉察到第一个队伍中的人满脸热切、心怀期待；而第二个队伍中的人却是疲惫不堪、怒气冲冲。那也是你的客户们会有的情绪。当然，消费者的情绪会受到多种因素的影响，这些因素也超出了公司的控制范围。但正如中情局官员的招聘策略会受到应聘者对美国预先存在的看法及代表该应聘者的议员的影响一样，公司的经营策略也会受到客户看法的影响，不管这些看法是由内部变量形成，还是由外部变量形成的。

此外，还要了解贵公司在公共领域的活动痕迹。网络上会有消费者对每一种产品和服务的评论。要知道评论者在你所在行业的主要评论网站、个人博客及客户点评里都说了些什么，还要知道人们在各大知名搜索引擎里输入贵公司的名称会搜到些什么。要知道这些，你需要为贵公司创建一个谷歌快讯，这样有人在谷歌网站上发表关于贵公司的任何内容时，你都能查到。虽然所查到的内容你不一定都会同意，但你应该始终对所发表的内容保持关注。在这方面，中情局要求其现任和前任的所有官员在出版书籍、发表文章或演讲之前，必须先提交草稿以获得批准。显然，私人机构不能强制执行这种类型的要求，但不能审查这些评论并不意味着你应该忽略人们在公共领域说些什么。

第四，承认你的劣势和缺陷，即使某些方面你已经努力改变过。大多数企业领导人在注重打造竞争优势的同时，都会注意去消除或减少企业的劣势，从而树立企业的良好信誉。但是，让我们好好地想一想：你的企业的最大优势会不会也是最大的弱势之一？从几方面来看，事实确实如此。

在商界，对刚起步的企业来说，市场越不景气，竞争对手间的分歧越大，商界高手们就越难从事情报侦察活动。在间谍界，间谍分子在经济危机或军事冲突时期对美国的侦察活动表现得尤为困难。在企业里，那些经营极度困难且处于劣势的竞争对手更愿意在市场低迷期实施疯狂的扩张计划，有时甚至显得肆无忌惮。如果你的企业在一个很艰难的领域里蓬勃发展，你应该感到自豪，但要谨防各种安全风险。

优势亦是劣势，在更具体的层面上表现也是如此。你的劲敌最想窃取的就是你的竞争优势。

在间谍界，在反核扩散领域的间谍游戏里，这一点最为清楚。因为一旦某些敌对国家获得核能力，他们就会拥有难以想象的军事优势，所以美国中情局官员一直在竭尽全力对一些敌对国家迅速发展的核计划进行识别、阻挠和破坏。他们的核计划发展得越壮大，所遭受的经济制裁的力度就越大。因此，对这些国家来说，一个强大的核计划实属一大劣势，而不是什么优势，也只会促使中情局付出比其他任何国家都要多的精力来应对这样的计划。

在企业里，优势亦是劣势的理念指的是：企业现有的竞争优势也是竞争对手明显的攻击目标。如果你的竞争优势是为客户提供一流服务而赢得的极大声誉，那么竞争对手就会精心策划一些负面宣传影响你的声誉；如果你的竞争优势是善于吸纳行业里的高端人才，那么竞争对手就会雇用人才猎头挖走你的人才；如果你的竞争优势是创新，那么竞争对手就会学习并复制你的创新计划；如果你最大的竞争优势是价格低廉，那么竞争对手就会挖走或收买你的供应商，或者复制你的分销网络。

同样，为了了解自己的劣势，你也需要了解竞争对手的弱点。竞争对手自然会寻找他们所欠缺的那一面，如果你的企业正好在这方面很富有，那你的企业就很容易在这方面受到伤害。所以，如果你在竞争中缺乏有效的营销策略，那就要善待你的营销团队，因为在对手眼中，他们一直是其招聘人才时梦寐以求的专家。

利用你对企业自身劣势的评估，战略性地保护好自己的竞争优势免受一切潜在威胁的伤害。

红细胞部队

美国中情局院内有一间特殊的房子，这间房子为不同思想的人们提供了一个绝对安全的环境。这些人有的思想偏执，有的充满妄想，有的心怀阴谋，有的常发表一些稀奇古怪的言论，还有的常怀揣各种极端思想，他们共同组成了一个部队，人们称其为红细胞部队，其目的是精心策划高强度攻击方案，进行军事演习，以测试美国的安全防御能力。如果有人提出的想法因为太离谱而遭到批评，这会提醒他人类似于驾飞机撞击摩天大楼这样疯狂的想法也是行不通的。

红细胞部队的任务就是想象不太可能发生的冲突，预测不可预知的攻击，然后利用假想战术对相关目标采取军事行动以测试其反应并得出相关结论。你若认为在企业里这种战术徒劳无用，那就想想次贷危机给金融业造成的不可估量的损失，再想想它给几乎每个行业造成的类似创伤。在我写这本书的时候，在各行各业，大到航空业，小到零售业，巨头公司的前景仍旧渺茫。但在不久前，这些公司的高管们很可能认为谈论公司即将倒闭的可能性显得荒谬可笑。

但是，倘若他们考虑到了倒闭的可能性呢？如果他们在早期意识到了即将失败的某些迹象，趁早采取了行动呢？没有人能预测未来，但采用中情局的红细胞战术，至少可以帮助企业（或个人）有条不紊地、有所防备地应对变故。否则，一旦灾难在毫无防备的情况下发生，企业（个人）一定会措手不及。

红细胞战术训练

在这部分练习当中，我想让你充当自己的红细胞部队队员。你可以以个人的名义，也可以以企业名义来回答下面的问题。现在开始吧：

> 首先，你要找两个竞争对手。他们既可以是现实生活中的对手，也可以是假想中的对手。一个竞争对手得显得合法正统，为人做事遵守法律；另一个则应显得狡猾卑鄙，为达目的不择手段。
>
> 现在列出你的优点和竞争优势。想一想，是什么让你和你的公司成为别人的竞争对手，继而成为他们的行动目标？
>
> 其次，列出你的弱点和劣势。
>
> 最后，分别列出每个竞争对手利用你的劣势窃取或者破坏你的竞争优势的不同方法。

为了让这部分训练达到最佳效果，在“大脑”进行思考时，你需要在充分发挥想象力和保持传统思维当中寻求一个平衡。如果你下定决心，这应该会是一个有组织性的偏执训练。把《僵尸启示录》这部游戏中的场景作为对你公司的威胁之一，虽然有些行动不按规则办事，但它们确实能使你富有创意，并能开发你无限的想象力。

一旦你完成列表，重点观察一下正统的竞争对手和卑鄙的竞争对手可能带来的威胁有什么不同。两种威胁是否有实质性的差异？再看看正统合法的战术是否同样容易利用你的劣势？

你果真能切实地保护自己或自己的公司免受这两种竞争对手可能带来的威胁所引发的危害吗？怎样去保护？还是你干脆就无奈接受这些危险作为做生意的代价？

运用红细胞战术识别和分析最狂妄的潜在威胁有助于规划你的发展目标，也有助于进一步培养你感受威胁和机遇的能力。这正如威廉 · S · 巴勒斯（William S. Burroughs）曾经所言，“有时候偏执，就会发生所有事实。”

在不安全的世界里寻找安全

由于你已经了解了你的劣势，并且知道尝试怎样去利用它们，所以你很快就会有安全保障。你会惊讶，就这么简单吗？人们对商业反间谍一直充满误解，其中一个误解就是反击经济间谍活动就像制作好莱坞电影一样，只能付出高昂代价，还得精心设计。但在现实中，商业反间谍活动通常不复杂，不神秘，也不涉及保密口令或在小巷子里的午夜会谈。相反，它主要涉及的是商业信息安全警惕、实效性安全训练、自省和平衡以提高防范。

另一种常见的误解就是商业反间谍只对那些知识产权价值大于实体产业价值的企业具有重要性。其实，商业反间谍不只是解决信息失窃问题，它还解决雇员和顾客被挖，或技能被盗以及产品盗版等问题。

同样，也有许多人认为，只有大公司的高层管理人员才有风险成为商业间谍活动瞄准的目标，或者只有那些与机密行业有来往的公司才会被间谍活动瞄上。但事实并非如此，即使是各行业里最小的公司也会成为间谍活动的受害者。

下面这些因素就会增加公司的竞争情报风险：

雇员频繁进行海外出差（出国游）

海外津贴或海外合作伙伴关系

大量使用分包商

风险高、机会少、竞争强的行业

信息技术存在漏洞

与外国政府接触以取得业务管理权和经营权

心怀不满的雇员（不管前雇员还是现雇员）

经常生产盗版产品

高度专业化技能人才短缺；人才构成中缺乏称职人员

高层管理人员染上了易给情报分子窃密机会的不良嗜好，

例如酗酒、吸毒或其他让情报分子有机会进行敲诈的行为。

正如你知道的那样，商业反间谍原本就这样，有些风险是可控的，有些风险并不可控。不管你处在什么位置，在什么行业，有什么竞争，总会有遭遇商业间谍活动或某些破坏性活动的可能性。相关风险可以降到最低，但是，这需要你审慎关注实效的反间谍活动训练。增强防范意识，注重防御安全，实际上就是在做一切保护。

第二部分

内部运用

WORK
LIKE
A SPY

Business Tips from a
Former CIA Officer

04
建立自己的团队：
中情局的招聘及组织策略

由于我告诉了你太多的破坏性活动场面，还告诉了你大量的间谍活动场景，人际交往中，你很可能经常在处理人际关系时开始多疑。如果在本章还旧调重弹地说“雇员是你最大的资产”，这看起来是不是有些奇怪呢？毕竟，我们已经确定了他们是公司最大的薄弱点。

但我还是不禁要说，公司的兴衰关键还是靠内部的人才。

雇员是公司最大的优势，也是公司最大的劣势。这种双重性完全是由人的天性决定的。

美国中情局应用的招聘策略，不仅承认这种双重性，而且在现实中还欣然接受它。毕竟，中情局要从成千上万个应聘者中筛选出一小部分人，这部分人必须符合下面这些条件：(1) 能经得住彻底的背景调查，以示清正廉洁；(2) 能通过一系列的心理测试，以示心智健全；(3) 能在慧眼识人的前任情报官员主持的一系列面试中过关斩将，以示才貌兼优；(4) 能通过全面的身体检查，以示身体强健。选拔出这部分正直高尚、聪明理智、身心健康、人见人爱的优质人才后，中情局招聘人员还需要从应聘者中选出愿意为国家进行坑蒙拐骗的另一拨人。换句话说，他们要招的必须是愿意且善于欺骗他人但道德却很高尚的人，这种高尚的道德只是因时因事而不为罢了(我听说过的理想人选被形容为“城府极深的童子军”)。要提这么多相互矛盾的要求，我一点也不羡慕这些招聘人员的工作。

被成功选上的应聘者只占了所有应聘者中极小的一部分，更不用说他们在整个美国人口当中能占多少比重。政府支付很低的底薪，这在一定程度上挫伤了一些已经入选并接受了聘书的新人的积极性，对于入选的所有新人来说，要想成为中情局官员，接受大量减薪是很常见的事情。其他不明的额外收入决定了这些新人不会与亲朋好友走得太近，这也是卧底工作必须承受的一种不幸。这批入选且接受了聘任的人员，在接受为期一年的艰苦培训后，总数会大幅度地减少。新人们亲身体验了卧底的真实生活后，有的自愿退出，有的则因为完全不适应这个绝密行业的艰苦而被解雇。

中情局的实际招聘和培训预算都是绝对保密的，但可以肯定的是，它的开销一定不菲。就人均人力成本支出而言，世界上任何组织或机构都比不过中情局。

因此，没有哪个心智正常的人想在招聘成本上和美国中情局竞争，也没有人想雇用一批心理学家和测谎专家，也没有人愿意接受如此巨大的雇员流失率，更没有人愿意让其雇员花费好几年才履行完需要完成的使命。基于这些事实，你从中情局招聘过程中能得到些什么启示?

我想，启示一定很多。

组织架构分析

中情局的人员配备中，有心理学家，有专业分析师，还有大量经验丰富的军官，难怪它会如此了解什么人有潜力成为一位优秀的情报机构人员。通过多年的反复试验和实证研究，这些人确定了担任情报机构官员所需的技能、个性、前期经历，甚至信仰等可衡量的指标，这些指标不但要求情报机构官员候选人有能力去执行基本任务，还要求他们有刚毅的品质去承受卧底生活所带来的心理压力。像中情局官员所从事的卧底这种要求性高，重要性强，危险性大的职务，在做聘用决定时，一定要尽力让当事人掌握准确而详细的实情。你的组织内部平时做聘用决定的时候，可能不会承担这么大的风险。但是，这并不意味着为了建立一支更好的团队，你就不能制定同样严格的标准。

无论你是雇用新员工，还是从组织内部提拔候选人，或是找一个临时工完成一项短期任务，你需要明确掌握空缺职位所需的关键技能要求和理想人选的简要概况。这听起来可能很简单，但我观察到许多企业一遍又一遍地犯以下三个错误：

第一，靠直觉招聘人才。我在第二章里提醒过你，那些自以为慧眼识珠的人往往只不过是过于相信自己的想象和偏见。然而，某些足智多谋、精心细致、经验丰富的专家基于自己的“直觉”对求职者做出聘用决定，却是常见而不具争议的事实。

那些依靠直觉聘用求职者的支持者们认为，他们知道自己想要什么人，知道什么人能和他们相处融洽，并肩合作。有家著名咨询公司的招聘经理告诉我，求职者一旦走进面试房间的门，他们的人力资源招聘团队就会对求职者的教育资历和过去的工作经验做出初步判断。经过初步判断后，招聘负责人内心会完全假设所有求职者的技能都是绝对合格的，然后基于求职者的个性，再对他们做出最后的聘用决定。

这看起来几乎是一个很有说服力的观点。毕竟，如果你知道有两个人都符合做同一个工作的要求，那招聘那个更讨人喜欢的又有什么错呢？

然而，这犯了几个逻辑上的错误。首先，面试是在一个极其主观的环境下发生的，即使你认真细心地运用了在第二章学到的诱导策略和观察能力，这种环境也不利于你对求职者的个性做出准确的评估。因为求职者们在面试时，穿的是最得体的套装；做出最坚定的握手；给出最完美的答案（几乎都训练过）。酒鬼，在面试当天的午餐上会避免喝酒；性骚扰者，在面试时会目视你的脸部或他的正前方；说谎者，会编出最有说服力的故事。你所进行的初步判断，或许能说明走进你办公室进行面试的求职者都很聪明。但这个世界上，也有很多聪明的骗子和小偷，还有很多个性难以捉摸的人。

凭直觉招聘人员还会产生“物以类聚”的问题。最近一些盛行的心理学书籍经常引用这个概念，但这些书籍或多或少都有点曲解它。别担心，我不是有意在此困惑你。我所说的“物以类聚”是指你倾向于挑选那些与你共性较多的人。招聘一个与你毕业于同一所学校，或某个与你有共同好友，或某个与你有共同兴趣爱好的人洽谈事务，你自然会觉得更加舒适。但聘用这些与你最为相似的人会产生一个问题——员工队伍结构单一化、同质化（更不用说这样会造成总体就业机会不平等等问题）。

在面试时，请记住：你不必刻意地要求自己去喜欢求职者，但一定要去尊重并信任他们，与他们友好相处，不要引起争执或怀有敌意。但是，能否建立日后工作上的关系，就应该随缘，而不应在招聘中有所勉强。如果你觉得在面试求职者的过程中有什么不妥，就凭直觉去处理吧，但在做聘用决定时一定要基于事实。

第二，创造模糊空洞的招聘标准。多年以前，精心制作价值陈述成为一个行业规范。好多公司都在价值陈述的框架下建立了自己的招聘条款。同时，很多公司也都在自己的官方网站和招聘简章上鲜明地宣传自己的价值。这些价值陈述也会经常出现在招聘公告上。

我在互联网上对各大公司的招聘网站做了一个快速的随机搜索，发现他们所要招聘的求职者总的来说具备以下这些特性：能力卓越、精力旺盛、满怀激情、积极合作、意志坚定和宽容大度。而在招聘条件上最常见的特性是满怀激情，众多公司在招聘不同岗位的雇员时都强调激情。在这个快速搜索中，我发现公司使用以下几个关键词寻求“激情”：创新、人才、技术、客户服务、乐于助人、追求卓越、持续进步、旅行、健康、理财、时尚、食品、植物、学习、发现、顾客至上、薪资、细节、驱动力、在线广告锁定及“鼓励使用初级教材”（这句话出现在图书馆的职位招聘上）。我多次发现，最通用的激情陈述就是那些希望“为工作而激情”的短语。

从营销的角度来看，列出这些模糊的品质可能是合适的。但从功能或企业内部的角度来看，这些评估标准完全无济于事，尤其无法用它们来代替那些更具体但并不华丽的招聘人才标准。

现在，我们来一起看看中情局官方网站上的招聘公告吧，间谍工作求职者招聘要求如下：

> 情报机构官员招聘要求：能够熟练运用街头智慧、专业技能和外国语言及对外国地理和文化的了解来应对瞬息万变、错综复杂的突发情况。行动事务员在职业生涯早期都备受信任并肩负重大责任。尽管在团队中工作，亦要求雇员运用常识灵活迅速地独自做出决策。经常需要执行极其严格的任务。这些工作时间长，作息时间不规律，因此要求雇员身心健康、精力充沛、抗压能力强。此外，雇员必须清楚了解自己，具有幽默感尤佳。

这个职位描述特别有气势，但它比“为工作而激情”更具体一些，没错吧？从公司内部来讲，对求职者的要求越具体越好。

招聘公告措辞含糊仅仅是一个重大问题的症状。实际上，真正的问题在于，许多公司使用崇高而不切实际的招聘标准（为薪资而激情？真是这样吗？），但没有对特定的组织环境下某个特定的岗位真正需要的关键技能进行评估，也没有弄明白什么类型的求职者最有可能在这一特定的岗位上获得成功。

重新建立一个详细、行动力强、恰到好处的招聘公告。从长远来看，这样做会节约时间，因为它能筛选掉很多求职者，并且能保证进入公司的新人能够帮助你进一步实现公司的愿景。

第三，重建组织运行模式。与那些在招聘公告中言辞华丽但终究无用的公司相反的是，一些公司的招聘公告用词过于简约，并没有提出连贯长久的招聘计划以服务于公司的远景规划。具体的职位都需要一些关键技能。立即胜任一份工作也需要资质证书和一定年限的工作经验。因此，招聘之前，要根据不同的岗位列出具体的招聘目标，还要重新制定涵盖每个空缺职位的公司人才发展战略。每位新员工对于特定的工作岗位和特定的招聘经理来说是“理想”的，但公司并不必为具体岗位设置招聘经理。

如此一来，各大公司的招聘公告要么空洞华丽，要么过于简约实际。但在这二者之间，也存在着这样一种招聘策略：它吸纳并招聘到的人员不仅在人际交往层面令人满意，还能为即将从事的工作、日后换岗的工作乃至整个组织做出突出贡献。制定并实施这样的招聘策略可能会是一项艰巨的任务，但如果美国中情局都能慧眼识人，招聘到“城府极深的童子军”，你的企业也一定能建立起自己的招聘标准，找到适合企业当下及日后发展的有才之士。

有效筛选

毫无疑问，中情局的选拔流程当属世界上最严格的选拔程序之一。选拔过程中会进行心理测试、现场情景演练、体检、多层针锋相对的面试和侵入式的背景调查，最后还会进行极具争议且令人紧张伤神的测谎考试。这样的筛选程序不仅是为了淘汰那些不合适的应聘者，也是为了能选入合适的求职者。中情局招聘人员对求职者所申请工作的严酷性毫不掩饰，正如本章前面所提到的那样，在官网的招聘陈述中他们甚至对情报机构官员工作时间长、作息时间不规律等严苛的要求都做出了完全披露。招聘人员公开这份工作消极的一面并非是出于对人性的同情，而是为了避免自己付出昂贵代价招聘并培训的新任情报官员，在培训的后期彻底弄清这份工作的实际细则后，突然决定退出中情局。

在招聘公告上做出这种类型的披露并不意味着你要在广告中一一列出招聘岗位的所有缺陷（如："对待工作积极热情，工作是在一间黑乎乎的办公室里为一位经常恶语相加的老板做繁琐的文书工作。"）。但是，你必须得理解并承认任何工作都不是十全十美的。在面试时，你在材料上确定下来的"最好的"求职者，如果因为你这个招聘人员没有如实传达公司或岗位的情况，上岗两周后，他的期望得不到满足，他也是最有可能退出公司的人。在评估求职者时，你最好在评估他们能在多大程度上满足公司要求的同时，也能评估下他们能在多大程度上适应那些他们很可能面临的最艰难的情况。

当然，总的来说，筛选是为了淘汰那些不合格的应聘者。美国中情局的筛选方法可能有点极端，但任何一家公司都可以从它那儿借鉴一些方法来筛选求职者，最终招聘到一批出类拔萃的有才之士。要做到这一点，你需要用上在第二章训练过的一些技巧。比如说，证实对于有效筛选就尤为关键。

第一，要证实求职者简历上的“事实”。我一直觉得奇怪的是，许多公司都没有去证实求职者的履历。至少，你需要去证实求职者先前的工作经历和教育经历。在这方面，若求职者提供任何虚假信息，你都应该立即淘汰掉他（她）。

遗憾的是，利用求职者提供的参考信息去证实事实，可靠性实际上是最低的。因为求职者们简历上的信息都进行过提前筛选，所能找到的印证人也都是那些最有可能为求职者们美言的人。况且，更没有人会在简历上说因为自己不称职，两周前被老板“炒了鱿鱼”。为了证实真实信息，中情局背景调查官员们一方面会联系求职者所提供的参考信息印证人，另一方面，他们也会寻求并不断开拓一些额外的联系方式，直到他们全面了解求职者为止。你可以通过在自己所在的行业里维系一个稳固深厚的人脉网，利用这些人脉不断了解一些事实真相。在间谍界，这通常指获取一些“走廊档案”——由于间谍人员只会在走廊或过道里悄声讨论一些情报，但他们的资料不会出现在正规的人事档案里。“走廊档案”涉及的要么是求职者们光鲜的一面，要么是他们糟糕的一面。如果你只是粗略地浏览某位求职者的简历，“走廊档案”很可能会成为弥补你想了解的那部分资料的得力助手。

第二，要证实求职者的技能。不要相信求职者们对自己技能和优点所进行的夸夸其谈，要用实例具体询问他们。如果最出类拔萃的求职者说自己是一位优秀的作家，那就让他（她）举例说明自己写了什么；如果有人说自己是一位卓有成效的管理人员，那就让他（她）举例说明自己是如何应对问题员工的；如果有人说自己精通房地产法，那就问他（她）一个他理所应当能回答出来的且富有挑战性的法律问题；如果有人声称自己有一流的客户服务技巧，那就假设一个情景，你在这个情景中扮演一位尖酸刻薄的顾客，看他（她）怎么应对。

设计一个面试来证实所需岗位的关键技能，再借此机会来发现一批潜在的求职候选人。在面试期间，如果你只是阅读简历上的信息，然后听取求职者们用那些提前熟记的时髦术语回答你的提问，那你就会错失那些工作经历并不多但确实更加优秀的求职候选人。通过设计具体实例见证关键技能的办法来优化面试过程，你的思想会从先前的职位头衔所给予的专制思维中获得解放。懒惰的招聘经理只会把客户经理职称聘用书发给那些符合年限要求且拥有同等职位头衔的求职候选人。但对自己能力更有信心的招聘经理会打破传统思维设计面试方案，发现并证实特定职位的所需技能，从已有的人才库中挖掘并提拔更好的求职候选人。

例如，中情局为了扩充自己的人才库，最近在招聘公告中放松了先前严格的外语要求。然而，中情局招聘人员降低招聘标准的一个原因，也是唯一的一个原因却是：他们已对招聘现状失望至极。多年来，严重缺乏懂得阿拉伯语的情报官员的情况一直困扰着中情局。在岗位招聘和语言招聘都不能满足会讲阿拉伯语的情报人才需求后，招聘人员决定退一步，开始招聘那些对学习阿拉伯语有天资倾向，对阿拉伯文化感兴趣的应聘者。中情局当然更情愿直接招聘那些能流利讲出阿拉伯语的应聘者，只是掌握阿拉伯语太难，因此这方面的现有人才太少。考虑到日益严重的人才匮乏，中情局招聘人员只好无奈地招聘那些具有这方面天资而不是已有这方面能力的人。

若各种职位空缺都能找到足够的充满激情、极其出色的高素质求职候选人，那将是一件十全十美的事。然而，每一位主持过重大招聘活动的人都知道事实很少能如人所愿。但实施一个有意义的招聘策略，降低一些苛刻的要求，放宽一些过时的条件，确实能为企业开放一个更大的能为企业效力的人才库。

从阴暗面吸取经验：进攻性招聘

为了维护美国国家安全利益，中情局官员在任何环境下都会进行大量非法甚至完全不道德的“招聘”行为。在环境许可的情况下，他们会对应聘者撒谎，还会采取欺骗、误导、监视等手段威胁应聘者，甚至还会设圈套直接扣留应聘者。显然，我并不希望读者朋友们在招聘时采取这些行为。实际上，本章将主要讲述一些从中情局内部招聘做法中可以学习的招聘技巧。但我也希望读者朋友们能够吸取某些阴暗面的教训——来自于间谍界的一些招聘做法和秘密行动。

通常，企业招聘在本质上是一种被动反应的活动。企业有空缺职位后，会在各大媒体上刊登招聘广告，求职者们看到广告后投递简历，企业收到简历，通过对比筛选，通知入选者参加面试，最优秀的求职者就会得到企业的聘用。但网上简历数据库的盛行成功改变了招聘活动的这一模式。由于现在任何时候都可以物色合格人选，企业已经没必要被动地等候求职者申请具体的职位。人才猎头们也更趋向于积极反应，他们中最出色的通常都建有一个高素质人才储备库，一旦有合适的职位出现空缺，就会有高素质人才填补。但是，就具体的职位分配来说，聘用还得具体问题具体分析。

设想一下，如果你能够从竞争对手那里选择性地挖走一些最优秀的职员，不但会促进你的公司内部的人才配置，还会对竞争对手造成严重打击呢？如果你的招聘策略重点在于实现业界最关键的技能配置，你的竞争对手就有严重的人才流失，从而削弱它的竞争能力呢？

许多读者在这一点上可能会有所迟疑，认为“偷走”别人团队里的职员听起来明显是一件不道德的事情。实际上，我并不主张你做任何卑鄙和肮脏的事情。相反，你可以通过系统地为行业巨星们创造更好的环境来吸引他们。这与为顾客提供优质产品来“偷走”他人顾客有些类似——没有什么褒贬可言。

为此，首先你需要明确哪家竞争对手拥有最多的且对其公司来说最关键的技能人才配置。根据你的行业和贵公司在业界的地位，对贵公司起关键作用的可能是销售，也可能是研发或生产，或其他技术类的因素。实际上，单个的高层管理人员很难给企业带来真正的竞争优势（尽管你从当前高管不菲的额外补贴来看，会不认同我的看法）。你要寻找的是那些能够实实在在创造或改变事情的人，或是那些做事效果可以明显量化的人。当然，我并不是有意贬低那些领导力强大的高管们的价值，从情报活动的角度来看，我想这样做，一方面能够增强你自身的能力，另一方面，还可以削弱竞争对手的能力。

其次，确定“目标人选”。如果聘用的话，想一想谁最能帮助贵公司从竞争对手那儿复制一批人才，打造一个梦之队。你要寻求的是一个能创造并引领团队的人，所以目标人选必须才能卓越、经验丰富、魅力十足，这样他人才甘愿为他（她）工作。值得注意的是，资历本身代表不了任何东西，你的理想目标人选可以相对年轻，但他（她）一定得有十足的能力迅速取得成功。

用“诱饵”去物色这个梦寐以求的职员吧，吸纳这个优秀新人的过程也是锁定既定目标进程的一部分。如果你所在行业的巨星们对自己目前的工作完全满意，那该怎么办？你将如何吸引他们来接受面谈，又怎样去说服他们接受一份工作？在和他们取得联系之前，你就应该好好想想，哪些东西能够触动到他们的利益。

很明显，首先，最重要的就是薪资待遇。不提供具有竞争力的薪酬福利，很难吸引到任何人。但在现实中，由于企业会遇到预算吃紧、人员裁减等情况，并不是所有的企业都能慷慨地提供越来越丰厚的薪水。因此，你更有理由去学习中情局是如何用远远低于企业的薪资待遇吸纳到那些能力卓越不凡的人，还能一直让他们从事那些危险性高、难度大的工作。如果你想实施进攻性的招聘策略——招聘人才增加贵公司能力的同时还能削弱竞争对手，你就得营造一个出类拔萃、能力非凡的人士十分向往的工作环境。

秘密世界的组织策略

为中情局工作的一大好处就是有机会和各种各样才能卓越、勇敢无畏的人一起共事。想起之前的几个同事，我的脑海里便不禁浮现出他们的背景：有一位同事，曾是一位职业运动员，后来改做投资银行家，在他成为一位百万富翁时，他拿着几乎是公职人员中最低的工资应聘进了中情局。还有一位曾是一名企业律师，会说流利的中文和法语。还有一位来自黑人聚居区的建筑师，在很多难以攀登的山峰上都有以她的名字命名的建筑。还有一位同事持有常春藤联盟院校博士学位，并会说五种语言。还有一位同事毕业于美国一所顶级大学，拥有MBA学位，之前还担任过特种部队官员。还有一位同事曾是一名检察官，其幽默而善于交际的个性使得他能够说服别人为他做任何事情。

尽管提供的薪资不高，中情局还是设法招聘到了一些实在令人兴奋不已的人。

当然，中情局会给特工人员额外发放比任何组织都高得多的特殊待遇。对我而言，在中情局，令我无限兴奋的事就是，每周在综合空军学校接受项目演练时，可以在课上训练跳伞或高速驾驶飞机噼里啪啦地通过障碍。千万别以为这些新学到的技能在我日后的日常工作里一无用处。我告诉你，它们简直太有趣了！我宁愿放弃某些私企给我的奖项，也不愿错失体验这些乐趣的机会。

然而，很明显，中情局也并非完美之地，并不是每个人都适应这里的工作。和其他工作一样，间谍工作都是利弊兼具。在中情局，官僚主义几乎能把人逼疯，任务进展缓慢，这里和任何一家大公司一样，也有一些无用的孬种。

然而，秘密部门一直在避免那些技能娴熟、知识渊博、经验丰富的情报官员流失到其他行业。事实上，和企业相比，秘密部门的留守率还相当乐观。那为什么这些人会留在这一行呢？

有这么乐观的留守率，一个很大的原因就是中情局很善于宣扬他们的价值体系。情报机构官员相信他们的所作所为，他们也想在世界上活得与众不同。四处环游的机会，工作带来的无限魅力和持久的兴奋感经常环绕着他们。然而，这些因素在企业界却难以复制。但中情局确实利用了私营企业家可以复制的组织策略留住了一些才能卓越、供不应求的雇员，并且使他们在中情局里生活和工作得愉快而高效。

下面这些都是中情局采用的组织结构和组织策略，它们不但会使雇员变得绩效卓越，还会促使整个组织变得高效。

第一，鼓励经常换岗。中情局官员的职务经常轮换。我的职务就经常更换，最短的是在战区待了六十天，从事最小规模的战时设施建设；最长的是在一个稳定的职务上干了将近三年。也许，最重要的是，我的每一份工作都和上一份截然不同。对我这样一个喜欢频繁跳槽的人来说，这简直太有吸引力了。因为经常换岗不但可以减少对同一份工作的厌倦感，还会提供更多的学习机会。

工作效率高的人会很讨厌待在一个一成不变的环境里。然而，在小公司里就会经常面临晋升空间狭小的问题，这样一来，升职就变得异常困难。一个仅仅由六人组成的公司，不可能使每一个有潜力晋升到管理层的人都如愿以偿。果真能实现的话，那公司就会头重脚轻，变得没有实效。但如果允许才能卓越的职员在部门之间、岗位之间、不同地区之间调整工作，那公司就会产生一个多维度、多元化的劳动力大军。职员也会对事物一直保持兴趣，否则，他们很可能会产生倦怠的心理。下面要讲的也会涉及这点。

第二，成为简历的“亮点”。听起来有些可笑吧，但事实上，最出色的雇主所聘用的雇员在其他地方也最容易找到工作，因为他们能接触到最好的培训，善于完成最具挑战性的工作，会获得才能卓越的良师益友，而且还拥有丰富多样的人生经历。工作越风光，越具有挑战性，简历就越有说服力。

在阅读过“美国中情局情报官员”的简历后，你很难去击败他们。但是，作为一名有权自己评估雇员才能和素质的雇主，你不仅对出类拔萃的求职者具有很高的吸引力，而且对顾客和客户也具有不凡的吸引力。

第三，因人定岗，不要因头衔而定岗。完成培训后，我成为了一名情报机构官员。入职的第一天，我向上级汇报工作时，原以为她会问我诸如办公桌在哪里，或和同事相关的一类问题。但从她嘴里出来的第一句话却是：“你通过枪械训练考试了吗？”我通过了——实际上，尽管我不喜欢枪，但我还是极其出色地通过了考试——只是她一开口问的竟然是这个，令我感到有些吃惊。其实她是想让我尽快前往阿富汗，越快越好。我没想到入职的第一天竟会这样，但当时正值“9 · 11”事件发生后不久，所以我便很快答应了。

到达阿富汗后，几个星期很快就过去了。但我发现自己依然还和二十几岁企业生活刚结束一年时一样年轻——穿着防弹背心，带着一把枪，坐在一位全副武装的阿富汗男人驾驶的吉普车上，双脚轻轻地放在一枚防空导弹上。起初，这种情况下，我所要做的也只是时不时地摇摇头，想想自己到底是怎么混得这么风光。我很享受自己在中情局的生活，但最有价值的还是从我入职的第一天起，这里就存在着难以相信的机遇和非常重大的使命。

如果你真想吸纳行业里的顶尖人才，你就不要让他们消磨在那些毫无挑战的岗位上。很多时候，雇主招聘到了许多聪明有才的雇员，但就是要等到他们在企业里“经验丰富”了之后，才会真正地对他们委以重任。然而，同一时期，才能卓越的雇员早已内心厌烦，很可能在闲暇无聊时，已经开始在网上寻找更好的工作了。

我并不是提倡雇主们应该把那些毫无经验的新人放在某个位置上犯错，让公司付出昂贵代价。但我确实认为谁最能胜任那些最具风险的任务应该由雇员的技能和能力决定，而不应该由他们的资历和职位头衔决定。

美国中情局在确认了身份显赫的行动目标之后，会认真考虑与其相关的最佳情报官员人选。他们会考虑到语言、国籍、个性、性别、年龄和专业知识等因素。但是，倘若一位五十五岁的来自于威斯康星州讲英语的白人电气工程师，想要招聘一位二十多岁的来自于中东、戴有希贾布头巾的但只会讲阿拉伯语的女学生，即便那位五十五岁的招聘官员是一位技能非常娴熟的高级军官，这种招聘也并不总是有意义。

企业里的雇员接待客户时，尽管使用的参考标准有所不同，但二者的“匹配”关系仍然很重要。我认识一家知名法律公司的一位高级律师，他到现在都不会使用电脑，每次都是秘书帮他把邮件打印出来，然后他将所要回复的邮件口述给秘书。他是一位非常出色的律师，但对于接待公司里最重要的客户——一家高科技网络公司来说，他显然不是最合适的法律顾问。尽管这家法律公司有按职位级别分配任务的传统——让低级别的雇员去接待那些订单较小且影响力不大的客户，但主管人员最终还是冒着失去客户的风险决定把任务交给那些资历较浅但网络技术娴熟的新人，因为客户不愿意在洽谈业务时，还得向一位身价不菲的法律顾问解释科技常识。

但在匹配雇员与客户时，我不建议基于国籍、性别、年龄等人口统计学的相关变量分配雇员。（实际上，你若这么做很可能就违反了均等就业机会法。）在进行任务分配时，你需要好好考虑雇员的个性、技术能力、语言能力以及其他对客户来说很重要的因素。这就像中情局官员在和他们的目标进行交流时一样，如果双方找到了共同话题，那就很容易建立默契和信任。雇员的技能和任务分配之间的关系也一样，当二者匹配时，雇员就会充满活力和干劲。所以，废除按职位级别分配任务的惯例，最终不但会有利于雇员的发展，还会有利于维持你与客户之间的关系。

第四，为工作增添乐趣。很明显，并不是每份工作都令人向往；也并不是每位客户都尊贵显赫；也并不是每个订单都能使事业蒸蒸日上。相反，每个企业都有极其平凡的工作需要人去做，而且必须得有人做。基于这样一个事实，确保雇员的热情不被无休止的沉闷工作所淹没，雇员的积极性不被上级的强权所压制，已成为企业管理的重中之重。

中情局官员们生活得极为刺激，但他们中的间谍人员也得自己做财务。此外，情报界工作的运转也需要情报界后勤官员们的大力支持。现实中，他们的工作包括后勤服务、医疗保健、行政管理和国内外旅行，还会涉及其他内容，远远不像好莱坞电影里描述的那样。然而，这些后勤官员们的职能却极为关键，他们会经常发现自己在特别危险、压力很大的环境里发挥着关键作用，和那些比自己级别更高的情报官员一样。

那么，如何将后勤人员纳入组织的成长中，又如何去激发他们的积极性？美国中情局确实做到了这些。

这绝不是一句玩笑话，相反，这是对中情局使用多元化背景人员和实行薪酬差别所组成的跨职能团队的最佳描述。（现在，听我把话说完，不要跳过这部分。我完全明白在一二十年前的管理学著作中，使用跨职能团队已经非常流行，这些团队因其入职者来自于不同的行业和职能部门，团队价值呈现出多元化的特点。）中情局使用跨职能团队不是为了满足职员，也不是为了进行学术研究去追求时髦的组织设计。事实上，中情局利用自身不同职能部门人员组成一个跨职能团队——不只是秘密部门，为的就是让这些人进入中情局，为中情局办事，完成任务后尽可能安全高效地退出。

想一想你的公司在高层领导缺席的情况下，最近一次召开重大会议是什么时候？但中情局绝不能在全体人员有所缺席的情况下，对重大事项迅速做出决定。在紧急情况下，让一位情报机构官员去和一位身份重要的目标人员进行实际接触，也需要有关部门提供情报分析、筹划安排、健康检查、财力支持、适当的文档材料（不管是伪造的，还是原始的）以及其他方面的帮助。你的公司肯定会有某些需要多个部门携手操办的活动和事项。那各部门职员在工作上经常协力互助又有什么错呢？

中情局利用各种各样的跨职能团队。快速反应团队集中训练能够更好地应对危急任务部署；第三章中提到的红细胞部队，它汇聚了一群不可思议的人，这群人在一起集思广益，揣摩难以发生的威胁；督察团队有意纳入了一批最复杂的人，为的是在任何地方都可以安排各个小组的成员；特遣部队吸纳了政府部门、军事部门、执法部门的不同成员；职业评估团队由不同级别人员组成，它主要用于评估官员表现；案例评估团队由情报分析专家和情报运营专家共同组成；战略规划组是由一些在中情局总部团队管理建设中积累了数年经验的人员组成；招聘团队由亲自参与中情局全国招聘活动的中情局董事会成员组成。以上举出的这些事例中的团队成员，尽管背景大不相同，但他们都是为了同一个目的而来的。

在中情局这个高度独立的文化氛围中，团队的这种组织形式对于通讯交流、工作效率以及工作业绩至关重要。组建这样的团队是为了发挥其应有的职能，而不是为了发挥教育作用。但职员们离职时，总是带着对中情局广泛的了解而去（不知道好还是不好）。然而，这样却总能使中情局变得更强大。在中情局做事，有时是一种享受，有时也会令人失望。就像那些物理学家和平面设计师们的走路方式、说话方式和穿着方式都有所不同一样，中情局内部不同职位需要的职员个性和习惯也会不一样。有时，这里的文化碰撞会使人心神不安，有时又会使人内心甚欢。最重要的是，团队能够完成工作，并且成员因为自己的参与得到回报，事实上，在多元准则团队中的工作经历对于晋升至关重要。

各行各业都有自己的专家和与其相关的关键技能，跨职能团队自然会比其他形式的团队在特定环境中工作得更好。然而，每一种类型的组织又都可以从应急团队中受益以应对预测中的紧急事件。红细胞部队想魔鬼之所想去处理不可预知的事件；特遣部队会以最少的官方审批程序去处理最艰难的挑战。这些团队的组建是为了在极端环境下尽可能地高效预测、快速反应、果断行动。当然，中情局可以组建它们，企业同样也可以组建。在这种组织策略中，组织和雇员都会因积极参与公司的发展而受到奖励。此外，这种组织会使每一个人都备受鼓舞，心有所属——而不仅仅是那些业界巨星或高层管理人员有此感受。

第五，为单打独斗之人创造机会。上一部分赞颂过团队精神后，冒着自己被说成是前言不搭后语的风险，我还要督促并建议读者不要给那些善于一个人单干而不喜欢与他人携手并进的才能卓越之人强加团队合作的理念。的确，有些人因缺乏一定的专业知识，喜欢轮流换岗，并在团队合作中事业蒸蒸日上。但有些人就习惯一个人优质地履行职责。

我有一位头发花白、个性倔强、不苟言笑的同事，由于他缺乏大多数中情局官员应具备的性格，并且给人一种不喜欢世界上大多数人的感觉，他并没有成为我的上司。但他在工作上表现得却异常优秀。他在武器系统和国防战略上拥有极其丰富而渊博的知识，还特别会物色、评估并培养同他一样优秀的人——拥有高度专业化知识，并能用新方法分析情报案例。此外，他还特别善于从目标国家寻找那些沉默寡言、坚强不屈、头发斑白的人，从他们那获取机密信息，就因为他们共性颇多。我猜想，他和他雇用的职员进行的两人对话总体上可能只占了其他情报官员与其职员之间对话的极小一部分。然而，他就是用这样一种倔强不堪、沉默寡言的方式做出了别人无可比拟的工作。

但如果让这位优秀的情报官员担任管理者，那他将会把工作做得一团糟。在团队中，他也更将是一个彻底不受欢迎的人。所以，多年来他完全凭借个人单干，基于工作上的出色成就而得到晋升。

并不是所有的行业巨人都不能做管理，也并不是所有的行业巨人都会从团队中受益，或对团队做出突出贡献。最优秀的领导一定懂得这一点，所以他们不会在工作中强迫那些卓越的单干之人去担任一些会减损个人成就的角色。中情局里存在着许多踌躇满志的人，他们都急切地希望自己能尽快成为高层管理人员。同时，这里也有部分情报官员通过单干在间谍界获得了事业上的蓬勃发展。（顺便说下，这些业内抢手的情报官员，中情局总部称他们为“死亡之星”，他们在其他地方不断发挥所长以竭力避免在管理职位上任职。）幸运的是，这种组织架构应对采取这两条途径的职员同样高效。

中情局内部的人力资源管理实践与私营企业的大不相同。由于工作性质和绝密忠诚审查的要求，相对于朝九晚五的工作，秘密工作不太容易受到侵扰和情感介入。此外，企业雇主对中情局官员也是求之不得。而且，有时候，就连敌对的外国政府也急切地对我国的情报工作人员进行渗透。所有的原因是，中情局采用了一个促进关键工作完成的组织和人才结构，既能激发职员积极性，还能对职员表现进行监督。

不管国家安全是否取决于贵公司的成功，贵公司的劳动力总会从美国中情局的招聘和组织策略中受益。不管你是招聘首席执行官，还是招聘煎炸厨师，你都应该确保选聘过程公平、准确、有效。一旦你成立一家公司，你就要采用一个能使业绩最大化且能吸引并留住顶尖人才的组织结构。

然而，很矛盾的一点是，最有成就的职员也可能是最难管理的职员。不管怎样，这些职员总有信心去对抗权威，有智慧去辩论，有勇气去接受挑战——所有这些都给管理者带来了严峻挑战。尽管我在本章前面的内容里表示过你不必和职员成为朋友，但在给了他们自主权后，你就必须相信他们有做出正确选择的能力。下一章，在讲伦理道德这部分内容时，我再对这个问题做深入探讨。

05

在肮脏的世界里保持干净：

间谍的道德

中情局财务部主管在人事交接会议上接二连三地抽着烟，但他似乎并没有因日后再也见不到多年的助手汤姆而心存焦虑。汤姆推荐我接替他担任财务部主管助理一职，并向主管递交了一个装有一大沓钞票的信封，这些钱是最近几个月大家从事情报工作的报酬。

主管乐呵呵地和汤姆握了握手，祝愿他在未来好运，然后从信封里拿出一沓钞票，面带笑容地递给了汤姆，眨着眼说："这笔钱你可以拿去做慈善，也许你还可以成立一个基金会扶助孩子，为中情局培养日后的接班人！"主管身处一个把收受贿赂和获得回扣当作正常事务往来的行业里，显然，我知道这笔钱是他以告别礼物的形式送给汤姆的一份可观的回扣。

对于这种交易，我在会前和会后都没有发表一句话。我只是一名低级官员，我想看到这笔钱时知道它是怎么回事就行了。

会后，几乎刚回到家，我就惊喜地收到了汤姆发来的内部邮件备份。在邮件里他急切地描述了自己的“慷慨解囊”，并证明那笔钱已转交给了中情局奖学金基金会。

直到今天，我都不知道汤姆是否明白中情局财务部主管给他那笔钱的真实用意。但是，我敢肯定他从未想过私用。

到底是什么促使人们去相信一位中情局官员？我们被聘用为情报官员，不仅因为我们愿意并有能力去编造那些极具信服力的谎言，还因为我们接受过专业化的欺骗技巧培训学习。我们能够很熟练地规避一些事情，伪造并遮掩一些事实，忽悠一些人，分散目标的注意力，还能对你当面撒谎。我们懂得在说服别人时，如何发挥肢体语言、眼神交流、时机和细节的作用。我们还有数年的职业经验和专业能力。此外，为了维护我们的真实面孔，我们还会向亲朋好友撒谎。要是我们中有人还记得事实是什么的话，这似乎有些令人难以置信。

然而，正如我在本书前面所讲的那样，中情局官员会是你遇到的人当中最讲原则的一部分人。

那这种诚信的品质和欺骗性技能是怎样融为一体呢？

中情局情报官员可以同时拥有这两个看似矛盾的特质，是因为尽管这个行业有时看上去有些肮脏凌乱，但情报官员生存依靠的就是这种严格的道德准则。事实上，诚信的理念已在中情局深入人心，并像血液一样静静地流进了这个主要在影子里工作的组织的每一根血管。

如果中情局情报案件负责官员说谎的能力大于他们表现诚信的能力，他们的工作将永远不会见效。正因为如此，为了和目标见面，情报官员可能会操控或者撒谎。但一旦摘掉面具，他们就会立即停止撒谎。为了说服潜在的敌对间谍人员冒死泄密，中情局官员们必须向这些潜在的间谍人员表明自己的信息是值得信赖的。间谍的命运都掌握在情报案件负责官员的手里：粗糙的谍报技术或低效的安全保障都会使间谍分子遭遇逮捕或杀害。为了在风险巨大的秘密工作中获得必要信任，中情局官员们需要不断地证明自己是可靠的。所以，诚信这条不成文的道德准则已成为间谍界钢铁般的信条。美国中情局情报案件的负责官员也有几条永远不能跨越的道德底线。

但商界却趋向于把道德和商业看做是两个截然不同的概念。在商界，有观点认为如果道德和商业可以融为一体，那就像太阳从西边出来。若是哪些公司能做到名利双收，那就像是在同一时间赢得了两场不同的比赛。然而，本章就会讲述专业的商务人士如何像中情局官员那样使用道德准则，在商务活动中为自己赢得独特的优势，从而获得盈利。

其实，想一想那些经常撒谎、欺骗、偷盗的人，就不难发现：越是肮脏、凌乱、艰难的工作，坚持严格准则和绝对标准就越显得重要。

严守道德准则

中情局情报案件负责官员坚守严格的道德准则并不是为了让别人觉得他们是“好人”。事实上，情报案件负责官员的道德准则根本不是出于人道主义原则，所建立的信任也只是工作需要而已。因为信任对秘密世界的重要性就像资金对私有部门的重要性一样——如果他们想在商界继续存在下去的话。

这种信任是通过对诚信的不断印证和对行为准则的严格遵守来建立的。我坚信，中情局官员的伦理原则可以百分之百地移植到企业界。但不幸的是，在市场不景气时，有时商业道德的议题会被打断。显然，没有人想违背道德去做事。但一名高级行政人员曾告诉我：“你永远不会在那些做事雷厉风行的CEO们的书架上找到一本道德手册。”

一些书籍仅从学术、道德或哲学角度出发讨论商业道德，并继续保留了坚持严格的道德标准显得有些“软弱”这一观点。（想到高中毕业前，学校要求我们完成毕业任务——从康德的哲学中挑选冗长繁杂的章节进行学术道德伦理分析，我仍心有余悸。）然而，中情局官员在其职业生涯早期，就明白了享有诚信的美誉会在艰难时刻给他们带来实际收益这个道理。继续阅读吧，下面将介绍一些既不“软弱”也不学究的强硬准则和经验：

第一，像防寒和保护自己的血汗钱一样保护好自己的声誉和诚信。我喜欢和善的人，自己也那样做。然而，我并不主张你这么做只是为了去取悦别人。你的声誉就是你的资产，而信任就是你的资本。你可以获取它，可以培养它，可以消费它。同样，你也可以用它去赌，然后失去它。你对某个人或某个组织存入的信任资本越多，你就能从他们那儿获取的收益也就更多。还记得汽车保险杠贴纸上写着“随时践行施善行为”的信条吗？那秘密世界的信条就应该是“践行诚信战略行为”。这听起来可能不是很温馨舒服，但确实很有效。

第二，要明白鲨鱼是吞食同类的一个族群。（如果你不相信，可以在谷歌中搜索——你会超乎想象地了解更多关于鲨鱼“自相残杀”的内幕。）在某些行业和领域里，人们很看好那些真正的“鲨鱼”。积极为客户辩护的律师和闯劲十足的销售人员通常都被看做是“鲨鱼”。在职场里坚强果断、勇敢无畏没有什么不妥。然而，我认识的大多数可以视为“鲨鱼”的人，在追求自己的职业目标时，往往都专心致志，心无旁骛。

管理人员往往都会为团队物色“鲨鱼”，因为不管你喜欢与否，“鲨鱼们”总能保质保量地完成工作。但是，在那些强硬派职员向团队发起攻势时，管理人员有时也会觉察“鲨鱼吃人”的倾向。

在团队中，成员们遵守的道德原则是你应遵守的道德原则的一面镜子。如果你为了达到目的，对你的同级同事或下属做了一些不讲原则的事，那他们反咬你一口的时候，你就不应该感到惊讶。猜猜这是为什么？道理很简单，如果一名员工会不择手段地进行一笔交易，那他（她）也会不择手段地抢你饭碗。

中情局一直密切关注着雇员们的言行举止。他们不但对新人进行严密的初级监视，还经常对在职的军官进行背景调查、财务复查和忠诚度审查。在中情局，一个人处事讲不讲原则被看作其是否适合留在中情局的关键因素。道德沦丧意味着其不适合继续被雇用或不符合忠诚度要求。没有哪个情报官员想和一个道德沦丧到会引发灾难性后果的人共事。“雄心勃勃”的情报案件负责官员会欢迎“鲨鱼”，但并不欢迎那些道德沦丧者。

第三，信息分块保存。中情局经常因未能与决策者、其他情报团体以及公众充分共享信息而遭到批评。在某些情况下，这种批评是应得的。然而，在其他特殊情况下，由于种种原因中情局却必须隐瞒信息，比如说出于国家安全考虑，或因数据准确性值得怀疑。中情局信息传播的一般规则是：信息在“需要知道”的基础上传播既可。

在商界，信息分块也会发挥类似作用。众所周知，知识就是力量。当然，机密更具有难以置信的力量。和秘密世界一样，在商界你也需要审慎运用所了解的机密信息。不要卖弄你的知识，不要恶意传播信息，更不要平白无故地散播他人的秘密。每散播一个秘密，你就会失去一份信任。所以你一定要确认自己这么做是否值得。（尽管有时确实是得能偿失。）

第四，知道什么时候需要撒谎。这是用一种略带诙谐的方式反过来向你道明什么时候不要撒谎。这包括组织内最常见的一类谎言——遗漏的谎言。一方面你要做一个死不泄密的人（明白上面提到的信息分块的意思了吧）；另一方面，也要做一个不为无价值之事保密的人。许多中级管理人员会将隐瞒信息看作竞争优势，为了享有更大的权力，他们严防同级同事和下属占有信息。隐瞒信息有很多理由，但这并不包括将团队成员置于竞争劣势。

在中情局，即使对同事撒一个极小的谎言也会被当作是对同事进行了严重的冒犯。情报官员要想安全顺利地实施各项计划就得依靠团队每一名成员的精诚合作。即使有人撒上一个不碍事的谎言也会使人们怀疑其在中情局的合适性和信任度。所以，尽管情报官员们之间相互掩饰身份（精细的谎言能促使他们完成各自的真正使命），但他们从来不对彼此撒谎。

中情局官员极少撒谎，即使是面对目标时，他们也很少撒谎。听到这儿，你也许会感到奇怪。一般来说，撒谎者的身份越贴近实情，人们就越容易记住他们，受骗后也更容易进行自我保护。因此，中情局官员的地下身份通常都是一些编造而成的半真半假的身份。你编造的故事越真实，就越能说服来自敌对国家的移民官员，或是一个愤世嫉俗的目标人员，或更容易去说服一个令人烦恼的陌生人，把人们口口相传的你展现给他（她）。

我这么说绝不是在鼓励读者朋友们去撒谎，不管是惊世谎言还是无关痛痒的小谎言。相反，我要说的是，即便是像中情局官员那样必须撒谎的人，也在尽力避免撒谎。想一想，在真相即将浮出水面时，为什么还要冒着被揭穿的危险卷入复杂的谎言之中呢？

第五，找出自己的解决方案，而不是错误。学术伦理经常赞扬承认自己的错误是一种美德。这完全正确，也非常好。但在风险很高的情况下，找出解决方案比承认错误更重要。

中情局官员绝不会在资产核查会议上宣布："顺便说一句，你已经被识破了，你的工作由我们来做就可以了，我本周晚些时候会尽快给你回复。"相反，身份泄露的新闻可能会伴随详细计划、相关人员身份及出行文件等信息的败露。但企业界似乎有这样一个信念：知错能改，信誉还是值得称赞的。这说明你为错误"承担全部责任"并不是一个义举，找到修复方案并实施这一方案才是你要做的。

第六，承认职场生活能够反映个人生活。中情局不允许其情报官员们有太多的个人隐私。官员们必须交代清楚自己的亲密关系，并接受医学和心理学检查，还得定期接受忠诚度审查。和其他通过具体考察某一话题来测试忠诚度的测谎考试不同的是，中情局的测谎考试要求官员们对着测谎仪探讨一些令人难堪的私人话题。即使是那些最清清白白的人也会被问出悲痛伤神的经历。这些种类繁多的强制性告白是中情局官员工作文化中普遍存在的一部分。当某个同事透露了过于个人化的私密信息时，他的同事便常常会对他开着玩笑说："这是你和测谎官员之间的事啊！"

我个人认为，中情局进行的测谎考试并不是特别有效。因为应试者总有对策，而且考试结果被诠释得更趋向于艺术而非科学，显得过于主观。这可能扯到另一本书的话题上去了。尽管我并不是一个测谎研究学的粉丝。但我确实认为进行测谎考试的一个原因就是个人生活真的能够也确实能够反映在职场生活里。

当然，我并不主张企业实行某些迫害来惩罚犯下错误的员工。然而，当雇主意识到犯罪问题或违背道德的事情只是发生在个人层面时，不要草率忽视事件对整个组织的影响。对配偶实施家暴的人是有暴力嗜好的人，更有可能在家里或办公室实施额外的暴力行为；花心男们更有可能在公司上班时间发挥他们的嗜好，或者挪用公司的资金支付他们的活动经费；即使毒品嗜好者或酒精嗜好者在上班时间是清醒的，但吸食毒品或饮酒终究会影响其判断力；某员工的个人博客上发表的种族主义言论，会让你注意其他同事是否也拥护相同的观点。

道理很简单：过去的言行可以预测未来的言行。由于性格和品行一般都是恒定的事物，在某个时段的不端行为会是以后人生旅途中不端行为的一个预兆。如果你缺乏观察某人品行的指标，那就应该认真想想该怎么办。其实，解决这一问题，只需去了解那些在正式场合积极强硬却在私人场合富有同情心的人。

第七，接受忠诚转变。阿富汗就是一个忠诚转变的典型例子。在冷战时期，这个国家曾是我们敌对国家的敌人，还被美国视为盟友对抗苏联。然而，岁月如梭，到了 2001 年，我们提供给阿富汗的曾用来对付苏联军队的毒刺导弹却被用来对付我们自己的士兵。而俄罗斯人现在还能对我们攻打塔利班提出建设性的策略。

企业收购、兼并、合资经营，甚至人事变动同样可以使昨天的敌人成为今天的盟友。只要看看历史悠久的摩根大通公司：一个名副其实的肥皂剧般的并购史，在摩根的并购中涉及了相当多的重叠的竞争者。所以，在和你最大的竞争对手相处时，你更有理由去展现良好的品行，在和最轻视的对手交往时，也应该保持敬意。世界变化很快，你根本不可能预测到你的利益会和哪些难以想象的玩家重合。

第八，带着戒备心理与对手同眠共枕。在这个忠诚不断变化的世界里总会有对手。但有机会和对手互惠合作的话，千万别怕，只需谨慎行事即可。

有些地方中情局官员根本无法前往。还记得一位理想的情报官员经常被称为是“城府极深的童子军”吗？没错，但这个世界上，“城府极深的童子军”也有许多地方不可前往。恐怖分子们在选择军事基地时就恰恰利用了这一点，比如奥萨马·本·拉登在选择恐怖组织总部时，就把总部选在了诸如苏丹和阿富汗等对中情局来说行动极其困难的环境里。但也有许多国家对美国及其境内的恐怖分子训练营都持敌视态度。中情局依靠这些“敌对国家”中有限的合作关系，对恐怖分子嫌疑人实施抓捕、拘留，有时还对他们进行引渡。尽管两国之间的公众存在敌意，但两国还是经常在这些反恐行动中配合。

从一个（希望中的）现实的角度出发，当利益大于风险时，企业同样应该愿意与自己的“敌人”进行合作——无论那是一个竞争者，还是一个曾经有过不愉快的前同事，或是一个调查监管机构。在与他们进行合作时，保持好你的优势。同时，敞开机会之门准备和那些最不大可能的伙伴进行合作。

第九，紧急事情紧急行动。这听起来好像是句废话。然而就有一种人会把所有工作当作一种危机。在某些组织中，“有紧迫感”被视为一种重要的美德，即使实际情况除了紧急之外并没有其他任何意义。然而，在许多情况下，着急只会使事情变得糟糕。

情报官员工作中另一个比较困难的方面就是其盯上的目标人员获悉了中情局的招聘目的。想想如果你是一个潜在的间谍分子，假如与你关系密切且你极其信任的一位朋友突然告诉你她有一个秘密，说她之前告诉你的很多个人情况都是假的——其实她是一位中情局情报官员，并且她还让你冒着生命危险定期向她泄露绝密信息。很显然，这样的请求很难处理。如果某位情报官员这样鲁莽地采取行动，他就会葬送与目标的亲密和信任关系，还可能会遭到目标的拒绝，甚至还会被目标举报。所以，即使间谍分子果真掌握了紧急信息，情报官员也需要谨慎行动而非仓促行事。如果仓促行事，只会适得其反。

然而，我认识的许多商界管理人员都觉得在工作中什么都可以接受，唯独不能接受没有紧迫感。他们喜欢员工随叫随到，喜欢员工提前一天干完所有的工作。这种风格的管理者一方面会赞赏那些匆忙行事，急于赶超任务的员工，另一方面还会谩骂那些完全知道本来可以晚些时日再交报告的员工，只因为管理者缺乏耐心，员工却不得不周末赶工。这种管理者做事也不懂转换优先顺序。如果你的团队成员对事情的轻重缓急有一个清醒的认识，当真正关键的事情来临时，他们就会立即调整并重新安排事情的主次关系。

第十，尊重法律带来的意外之果。中情局官员总是在密切关注政治、经济，甚至工业领域的变化给利益目标所带来的间接结果。例如，某个地方发生的一场军事政变意味着突然会有许多被迫交出权力的前任高官，这些官员对新政权很可能充满仇恨，还急需资金。换句话说，招聘他们的时机成熟了。裙带关系对正在物色情报分子的情报案件负责官员来说也大有益处。当一个国家的领导人任命他的女婿而不是某位多年来鞠躬尽瘁渴望晋升的官员担任显赫职位时，这位失宠官员很可能会心怀不满，便会盼着友好的美国政府的代表来访。

企业界也可以利用一些意外之果。你的竞争对手也许正在考虑裁员，那现在就是吸纳他们的顶级人才的大好时机，说不定那些免遭裁员的员工也正急切地想得到更稳定的聘用；供应商遭遇繁琐的法律诉讼和不利的监管裁决可能意味着他们比以往任何时候都更加渴望以折扣价达成长期合约；某位高级合伙人或某家咨询公司在法律诉讼中遭到当地媒体的负面宣传，那就意味着曾经忠诚的客户突然愿意考虑更换服务商。

要特别关注当地和行业内的新闻，推算那些意外之果会给你或贵公司带来什么样的潜在利益。这也是你在行业里拥有广泛人脉给你带来利益的又一个实例：对于即将发生的变化，你越早看懂，就能越快采取行动。高层人事变动、法律裁决、市场环境变化及整个竞争的供应链和客户群等其他变量的变化都可以对你产生积极的影响。

这是在掠夺吗？也许有点。如果你身处那些不利的环境变化中，你愿意将自己的竞争力转移给其他竞争者吗？我想当然不会。

第十一，要对整个信息供应链负责。美国中央情报局获取丰富信息的渠道极其广泛。有些信息准确、紧急，也极其重要。然而，有些则毫无用处。所有的情报官员都必须得学会区分精准情报和错误情报。产生错误情报有诸多原因：有时情报提供者有语言理解障碍；有时他们伪造或编造谎言，以此来骗取报酬。令人惊讶的是，中情局还经常收到一些猖狂分子编造的涉及中情局的阴谋论调。(特别的是，中情局的公共网站经常收到一些异乎寻常的电子邮件。）有位同事在和一名潜在的“情报信息提供者”交谈时，不得不一本正经地听那人“告密”说，“奥萨马·本·拉登住在佛罗里达州，并且已经成功躲过了身份检查，因为他走到哪儿都打扮得像个小丑一样，将脸部化上浓妆，鼻子装饰成了红色橡胶鼻子。”可笑的是，那个情报信息提供者声称他能认出本·拉登是因为他有通神的能力。

幸好，中情局收集的绝大多数信息都不是那么离奇。然而，并非所有的情报信息提供者都有相同的情报收集能力，判断一份情报是否合理也是一件很困难的事情。中情局情报官员在向情报部门汇报信息时，都得告诉情报接收者该信息哪些地方还值得怀疑。毫无疑问，一位喝得半醉、前来寻求政治避难的政客带来的情报就没有一位举止优雅、言辞有理有据的情报信息提供者带来的情报可信度高。

企业界也肩负着不断为消费者评估商品供应链来源的责任。像耐克和锐步这样的公司就吸取了教训，不再因为允许分包商雇用童工而遭到消费者谴责；企业之间看似合理的相互推诱再也逃不过企业评论家们的口舌。美泰等大型玩具公司由于中国供应商使用含铅油漆而不得不召回数百万玩具。显然，这不会提升公司的品牌声誉。本书后面将会更详细地探讨评估供应商的相关话题，但在这里我很有必要强调一点：不管是中情局，还是企业，都应不断地仔细评估自己的供应链来源。

第十二，精心用好每一笔钱。秘密世界进行的是现金交易经济。毕竟，间谍不能接受个人支票。正因为如此，中情局官员有机会接手大笔现金并有权决定如何花销。他们的很多花销在企业界人士看来是不可思议的。例如，我有位同事竟然得到了用公费给自己修眉的许可，原因是中情局卧底团队认为，有时候她那浓密独特的眉毛在化妆后还是过于显眼。

也许是因为中情局官员们挪用公款的可乘之机太多，所以，在中情局，即使是最小的经济违规行为，当事人也会立即遭到解雇。情报案件负责官员们非常清楚，他们花的是纳税人的钱，所以他们不会胡乱花费他们手中的现金，也不会伪造账单。此外，这又回到了那个原则：在中情局，即使是一个很小的道德失误也会暗示某个人性格上有缺陷或有诚信问题，也说明他（她）不适合在中情局这个对诚信要求极高的机构工作。

然而，在企业界，人们常常会遇到因不当开销而被认为诚信缺失，并被广而告之的尴尬。例如，泰科国际集团前首席执行官丹尼斯 · 科兹洛夫斯基（Dennis Kozlowski）因挪用公司资金，2005 年被判有罪。丹尼斯在泰科基金里挪用了 100 万美元为妻子举办生日宴会，还花了泰科基金 6 000 美元购买了一套浴帘，从而使自己至今都声名狼藉，这些都让媒体大跌眼镜。2008 年，美国汽车行业三巨头：通用、克莱斯勒和福特公司的三位首席执行官为争取公共基金避免公司破产而使用豪华私人飞机飞往华盛顿特区，遭到了公众的强烈谴责。（当然，他们并没有拼车，而是乘坐自己的私人飞机。）同年，公众又怒不可遏地得知政府拨向金融部门的数百万美元救助资金原来是用于支付给那些华尔街富有的投资银行家，而正是这些人从事的贸易和投资活动导致了这次金融危机和后来的救市资助。2011 年，房利美（Fannie Mae）和房地美（Freddie Mac）两家金融公司运转很大程度仍然依靠联邦救助，公司高管因果断行动而非突出贡献得到政府奖金的报道浮出水面后，作为纳税人的公众，又一次义愤填膺起来。

在以上各个实例中，局内人完全可以理解的这些支出却引起了纳税人和各公司股民的嘲笑和愤怒。很显然，在局外人看来，这些事件不仅仅揭露了一种不负责任的支出行为，更揭示了一些正在侵蚀组织公信力的严重的、系统性的伦理问题。

毫无疑问，如果一家公司一丝不苟地做好财务，就不会在一夜之间凭空消失几百万美元的奢侈品购物单。所以，花销者们之所以敢进行如此大规模的非法支出，是因为公司疏于对资金来源和用途的监管。起初动用公司几笔零钱，很快就会发展到挪用公司数百万美元。因此，公司里各部门只有坚持做好财务和金融管理，才能避免组织资金骤减。

应对道德挑战

在书中宣扬道德是一件很容易的事情，但在一个竞争激烈的行业里别人都耍手腕时，你却坚守原则，这就非常具有挑战性了。最好的策略就是，自己抱守坚定的原则并坚持自己的永不跨越的底线。

不过，现实世界从来就不是非黑即白。在形势变得错综复杂时，即使是最坚定的伦理信念也会摇摆不定。比如说，“9 · 11”事件之前，大多数中情局官员甚至都没听说过水刑。但在“9 · 11”事件中遭遇 4 架飞机袭击后，传统的情报机构一夜之间就改变了审讯方式。这本书并不会讨论或者争论中情局的审讯方法，但可以这么说，对于许多直接参与处理“9 · 11”事件的人员来说，曾经一些似乎高深莫测的处理方式突然成了残酷的现实。情报官员审讯被羁押的恐怖分子时，也不得不再三考虑究竟可以采用何种程度的严酷的审问方法，或者是否应该把恐怖分子交给那些毫无人权的国家。我敢保证，从来没有人会轻视这些问题，在这些严肃的问题上，情报界内部也从来没有达成共识。

企业界可能不必去争论酷刑的定义，但在企业，许多决策却有着关乎生死的影响。例如，在商界，药物试验、环境影响研究、医疗保险方针政策、安全标准等诸多艰难议题都对人们的生活和生计有着深刻影响。

使事情更复杂的是，法律并不总是明确地规范企业行为。法律会有漏洞，还会有一些模棱两可的陈词，并会自相矛盾地处理一些法律案例。此外，法律仍有一些未知的领域需要完善。关于一些跨国交易，各国并不总是清楚应该运用哪国法律。此外，根据组织的风险承受能力、情况的紧迫性、事件的重要性、对他人的影响程度以及行业规范，你在陌生的商业环境里做决定可能会比他人更加谨慎、严肃。

想到这些错综复杂的因素，便会觉得辨别“正确”的路径总是很艰难，更不必说追求哪条道德路径了。连中情局官员们都十分清楚，在这样一个浑浊的世界里保持自身干净实在太难。但最重要的是，你要会辨别并遵守自己的道德底线。因为你永远不知道它会在什么时候决定你的企业的命运。

06

危机管理策略：

让真正懂得危机含义的人来告诉你

2001年9月11日，我和情报界的一些学员在报告厅里正听着五角大楼来访的嘉宾做关于五角大楼和中情局军事合作的相关演讲。突然，主办演讲的负责人走进报告厅宣布，一架飞机撞击了纽约双子塔中的一座。他用遥控开启视听系统，打开电视后，就面无表情地离开了报告厅。

当时，所有的学员都以为这就像我们之前完成的那十几次演习一样，只是我们要进行的另一次模拟军事训练的一部分。见此状况，演讲嘉宾们只是微微一笑，心里还想他们又有了一次惊奇的教学情景。但身为学员的我们却表现得很不屑，因为几周前大家刚刚结束了本年度的训练，已经很疲倦了。所以，我们只是耐心地等待上级对这次“训练”做出解释。

然而，警报声很快响起。中央情报局大楼内手机变得无法使用，但寻呼机还可以使用。演讲嘉宾们迅速检查完自己使用的寻呼机后，就匆匆离开了报告厅。所有人看起来都有些惊慌失措。

报告厅前方的大屏幕上连续播放了几分钟的恐怖画面后，我们才意识到这不是演习，而是一次真正的危机。

在“9 · 11”事件发生的几年前，我参与了一个与现在完全不同的项目。那时，我刚从研究生院毕业，一毕业就到了一家大型高科技公司的管理研发部任职。工作听起来还很不错，人们都说我踏上了迈向更高级别的管理职位的“快车道”。不幸的是，我并不知道，对刚刚毕业的人们极具诱惑且相当繁荣的互联网高科技领域已经出现了泡沫。尽管数据显示现实中泡沫不会在短期内破裂，但某些特定技术部门已经感觉到了破裂的疼痛。每周第一天上班时，总会看到老板一脸困惑。公司内有了裁员的传闻，不久这个传闻便成了现实。我所在的整个部门被撤销了，接着又有一个部门直接被廉价转让。

离开那个公司管理研发部后，我进了高管薪酬部。在这个部门里，我的首要任务就是为公司的首席执行官破译复杂的金色降落伞[1]。就在公司里没什么其他的实际工作要做，雇员都

① Golden Parachute，是按照聘用合同中公司控制权变动条款对高层管理人员进行补偿的规定。——编者注

在观望自己能否保住工作时，我却忙着研读厚厚的法律合同，并将其转化为一页“如果，那么”版的简约材料。这些简约材料分析了行业里将会发生什么。从经济角度讲，它们分析了公司首席执行官辞职、退休或被解雇的各种可能性。

当然，老板并没有遭遇像恐怖袭击那样毁灭性的打击，但公司确实处在了一场危机之中。

我先后在两个身处危机的部门里担任初级职务，但两次工作经历完全不同。危机爆发的原因可能大不相同，所带来的风险可能也有天壤之别，但大体上却有着相同的经营哲学，在生计受到威胁后，他们也都做出了许多类似的反应。

后来我在美国国家劳资关系委员会担任联邦调查委员（我告诉过你，我是一个频繁跳槽的人）。在此期间，我调查了各种形式各种规模的罢工、工会选举舞弊、暴力指控、来自监管者的威胁、非法终止妊娠以及非法监督管理工会会议。我看到有些组织积极配合调查，并且切实地体会到了组织内的某些威胁。但我也同样看到某些组织很愚蠢地抗拒调查，甚至还有组织直接做出犯罪性反抗。在调查过程中，面对组织威胁，有些组织做出了最丑陋的行为，但也有组织展现出了他们最配合调查的一面。

我之所以敢把中情局组织危机的第一手经验与大家分享，是因为我观察了多个组织实体在大变化和大困境中的反应后，发现中情局比其他任何组织在危机中表现得都更有效、更迅速、更灵活、更积极。没错，中情局在“9·11”事件后确实犯过错误——导致了某些悲剧。但从组织层面上来讲，中情局的危机管理办法绝不应该受到批评，而且我相信企业一定能从中情局那里得到很多有价值的应对危机的经验。

在应对危机方面，中情局比我所观察到的企业界组织反应得更有效。下面我就列举一些中情局快速应对“9·11”事件的管理策略：

凝聚共识，团结内部所有力量和行动，不专注于个人得失；

持续认可并奖励功绩；

比以往任何时候都更容易找到高级管理人员；

发布清晰的指令；

下放特权；

重新整合分配资源；

竭力保护受危机威胁的前线雇员；

用激励创造忠诚，用受益建立信任。

上面的危机管理策略虽然被逐一地列举出来，但它们之间都是紧密相关的。其实，在写这本书时，起初我想通过创建一个复杂的流程表或流程图来描述中情局在应对“9·11”事件时，是如何把诸多因素凝聚在一起的。我建立的流程图很快就成了一个复杂的蜘蛛网，想到读者朋友看到它准会眼花缭乱，我决定不用复杂的图形折磨读者的眼睛。但我会尽力把中情局应对危机的每一次行动与后续行动之间的内在联系和影响阐释清楚。

危机管理策略(一)　凝聚共识 团结内部各种力量

“9 · 11”事件发生后几小时，全世界陷入了对肇事者的一片谩骂之中，整个世界都想知道究竟谁可能会犯下这样的滔天罪行。人们自然而然也会问，谁又原本能够阻止这次暴行的发生，却未能阻止。随着作案细节浮出水面，肇事者终于被确认，中情局成了公众受伤遇害后发泄愤怒的靶子。现在回想起这段往事，情报界本应该更有效地共享信息，抓住时机削弱新兴恐怖组织的实力，各情报站点之间也应该建立有效的联动机制，但这一切都没有发生。换句话说，美国原本应该有更多的策略来防止“9 · 11”事件发生。

然而，在那个时候，我们这些在中情局工作的人根本没有时间去指责或指控他人。每一名职员都忙于应对这场危机。从那些在“9 · 11”事件发生之前就部署到阿富汗的特种作战官员，到在总部夜以继日地工作几个月的助理人员，中情局上上下下都极其专注地参与到了搜索、捕捉这起恐怖袭击事件的策划者和实施者的行动之中。所有的注意力都集中在了将恐怖分子绳之以法的终极目标上。

但我观察到企业在危机爆发时却有着与此天壤之别的反应。在企业界，危机到来之际，人们往往关注自我。每个人都明白公司业绩迅速跌落时，生产就会立即叫停。没有人知道他们第二天是否还有工作，更不用说他们知不知道自己从事的项目是否会继续运营。虽然每个人看起来都在继续上班，但如果你看到有人在电脑前忙着工作，他（她）或许极有可能正在起草一份简历或在网上寻找一份新工作。根据我的经验，在危机来临时，不仅初级员工会这样，高管也会只专注于自己的事业，而不是专注于如何拯救公司（我在高管薪酬部任职，那个雇主在公司业绩上升时，就开始暗地里申请股票期权）。但不幸的是，在危机期间如此专注于自我，只会给公司带来毁灭性的精神打击。

我知道，在很大程度上我是在比较苹果和橘子。尽管恐怖袭击引发的危机代表了对一个人的生命或一个国家的命运的威胁，而一个公司由市场环境变化引起的危机通常只代表了对个人就业状况的影响。但当一家公司陷入动荡不能团结员工凝聚力量时，其走向衰亡之路的轨迹也会越来越明显。

为了在危机期间凝聚共识，团结内部各种力量，企业必须坚持以下三个标准：

第一，绝对诚实。大多数情况下，危机期间企业里散播的谣言会比现实状况糟糕很多。如果你把企业里的好消息、坏消息和丑陋的消息都及时告诉员工，他们便会花更多的时间去工作，花更少的时间去推测身边可能会发生的事情。

第二，坚持强烈的目标感。那些没有明确目标的雇员在一个目标感不强的企业里需要一个统一的能够激发他们奋进的目标。若一个公司已经做到了绝对诚实，那在管理上就需要给自己制订绝对现实的目标：多经营一周业务、减少损失、防止负面宣传等等。这些目标听起来可能不够宏大，但它们至少能够促使员工在危机期间继续奋勇向前，还能给员工带来获得持续成就的自豪感。

第三，提供可兑现的承诺。倘若雇员还在为家人的衣食住所担忧，对他们来说，让他们把精力放在帮助企业渡过危机上，就相当困难了。在企业身处危机之际，扣押职员奖金可能会有一定帮助。但对那些财务状况入不敷出的小企业或小公司来说，这么做就没有现实意义了。因此，在危机期间，企业应该给那些心神不安的职员一些可兑现的小承诺，让他们集中心思干好本职工作，而不是另谋他就。至于是不是应承诺一周之内不裁员、（假如危机减缓）发不发丰厚的奖金或离职补偿金，雇主都应尽力权衡。总之，雇主要提供一切可兑现的承诺确保企业的利益大于职员的个人利益。

在企业遭遇危机期间凝聚共识，能够确保生产继续，保证一如既往的优质的客户服务水平，并能借机在企业内外树立一个更加积极的企业形象。这么做还可以培养目标、增强紧迫性，并孕育新的希望。此外，凝聚共识还能增强企业对其他危机管理的反应：

> 凝聚共识有利于保护一线员工免受暗斗之苦、迷茫所带来的压力以及不当的指责。
>
> 凝聚共识即使在危机期间也可使成就量化，绩效得到认可和奖励。
>
> 凝聚共识使所有人都拥有了一个共同目标，给清晰的指令传达提供了一个平台。

危机管理策略(二) 持续认可并奖励功绩

在危机中的企业整体往往会呈现出一种失落感。企业上下心神不安、冷漠交织，业绩也每况愈下。倘若这种趋势加剧，企业若想继续维持生计乃至盈利，就必须嘉奖工作中有突出表现的员工。

处理完“9 · 11”事件之后，中情局不再执行绩效奖励制度也在情理之中。从某种程度上讲，阻止另一次恐怖袭击行为也会成为情报界的天职，不是吗？然而，中情局管理层继续认可并奖励职员所取得的功绩。情报界取得的成就都会定期详细公布，高级荣誉也会授予那些实至名归的英雄人物。这不仅极大地提升了阿富汗前线战场上那些正面临危险和困境的情报官员的士气，也给那些虽远离前线战场但长期坚守在中情局总部高压工作中的官员带来了一种集体荣誉感和归属感。

2002年初，我在阿富汗的首都喀布尔。工作非常艰辛，生活条件也很艰苦，还经常遭遇危险。在混乱的战场中，即使是为数不多的工作津贴，对在前线工作的人来说也会是一种莫大的鼓舞。中情局给战场上的人员寄了一些小型奢侈品，有星巴克咖啡豆、品客薯片、复活节假日晚餐的一些原料，还有杂志。这听起来似乎并没有什么，但这些小礼物总是让人想到自己被认可和赞赏。这些举动的价值远远大于其他某些奖励的价值总和。

然而，大多数处于危机中的公司，都会首先取消工作上的津贴，削减预算时也会削减办公室冰箱里的免费饮料，昔日豪华办公室的假日派对也会变成家常便饭般的简约庆典，或者，更为糟糕的是，雇员需要自己买票来抵消公司举办的年度盛会。（提醒经理：请永远永远不要这么做，如果你的企业都付不起一个聚会的费用，想一想员工可以吗？他们还得把钱存起来以防遭你解雇呢。）我在一家公司工作时，公司要求员工自己从家里带笔上班，办公室经理声称员工太粗心，好多笔都弄丢了，公司发的办公用笔花了公司太多的钱。

企业处于危机之中，吝啬不仅表现在公司低落的精神面貌上，还表现在大量削减成本。这时管理团队也会备受压力，对下属的奖励和荣誉授予也往往会消失。在企业发生危机后，高级管理人员可能会首当其冲，但停止激励和认可下属的成绩意味着在企业最无助时，你已停止你身为高管理应发挥的最重要的一个作用。

想一想那些长期喝淡茶或无味的速溶咖啡的人，突然喝到了极品咖啡豆感动得痛哭流涕，那是一种什么感觉？这说明在危机中进行奖励和激励比以往任何时候都更奏效。

你可以通过以下几方面来认可并奖励功绩，从而提高你的其他危机管理技术：

认可职员的功绩有助于在高层管理的重要沟通中融合积极信息和消极信息；

即使是小公司，持续的奖励也会激发员工并提高其对公司的忠诚度。我在一家公司工作时，公司里的同事都特别地敬重老板，为什么呢？因为每次员工加班时，老板都会自掏腰包给加班员工买比萨。公司那时正大规模地召回产品，所以加班到深夜也是常有的事。但这一细微的举动，对坚守在前线工作的员工来说却产生了重大影响。

奖励和鸣谢有利于重新整合分配资源。如果你在危机期间对员工在本职以外的工作表现予以奖励，你在给他们交代别的工作时，就不可能听到他们说：“那不是我的工作。”

危机管理策略（三） 要比以往任何时候都更容易找到高级管理人员

“9 · 11”事件发生后，中情局高级官员有大量的解释工作要做，即使他们还有大量的信息需要收集和说明。他们不得不向媒体、国会、某些因袭击而撤掉的委员会、执法部门、外国政府、军事官员和美国总统做出解释。

重压在身，倘若中情局高级官员让员工先忙活一阵，那也是情理之中的，但他们并没那么做。

事实上，中情局时任局长乔治 · 特内特（George Tenet）因为嘴里含着一支未点燃的雪茄烟在中情局反恐中心的小屋内踱来踱去而家喻户晓，他甚至直接随即询问下级军官有关恐怖分子搜索的最新进展。其他高级官员也定期发布正式的更新材料，实现了比以往任何时候都要广泛的信息分享，因为所有人都意识到，此时不是信息分块的时候。中情局的所有员工都参与到了追捕恐怖分子的计划之中。高级管理人员的露面比以往任何时候都要多，并就反恐的成就和不足进行了积极交流。

中情局高级管理人员在危机中频频露面，这和我第一次在私企工作，企业遭遇危机时所看到的状况形成了鲜明对比。在那次危机中，我恰巧在企业高管办公室的隔壁工作。在裁员即将开始之前（尽管有关裁员的谣言已传得沸沸扬扬），在我旁边办公的同事和我相约玩一个游戏——“认出CEO”。如果认错了，那会很可笑的。这家企业的高管团队人员似乎都深藏不露，经常来得迟，离开得也晚。他们不和员工进行眼神交流，走起路来轻快庄重，悄无声息但又极为冷酷地进入办公地点，然后一直紧闭办公室门。从某种意义上来说，提前知道要裁员这个消息，我既感到害怕又深表同情，因为成千上万员工的职业生涯会不可避免地遭受重创。

多年来我在其他组织也见过这样的现象。面对压力和不确定性，高管经常选择回避。有时是因为有法律事件介入，他们不便过早透露一些信息。有时却是因为公司的未来还不确定，他们不想透露任何信息。在一个案例中，我记得是因为一个高管面临着严重的刑事指控。不幸的是，回避困难议题并不能缓和危机。相反，回避只会令谣言升温。

如果中情局高级官员在应对“9 · 11”事件后的大危机时，能经常露面并能进行频繁而坦诚的交流，那么，无疑企业界在管理中也可以做到这一点。不为别的，就为了在危机中保持企业信誉。不管谁是负责人，都应该坦率而及时地与大家分享一切紧急信息。企业高层面对任何危机，都不应该避而远之。

高级管理人员经常在危机中露面可以催生其他的几个危机管理策略：

最高层领导直接发布信息，而不是通过各级管理人员间接地传达信息，能使员工从信息源头直接接收到清晰的指示。

高层领导经常露面，与员工共度企业危机难关，能增强员工对企业和领导的信任。

对于部门冗余的企业来说（也就是说，大多数企业都不是只有一个员工），高层直接发布指示可为企业资源重新整合和分配扫除障碍。

危机管理策略（四） 发布清晰的指令

在2001年年末和2002年年初交替之际，“9 · 11”事件后前往阿富汗的中情局官员们接到一项非常清晰的指令：抓捕或杀死基地组织恐怖分子。让经验丰富的特种作战官员首先踏上击败恐怖分子的战场，这的确是一个很有逻辑的指令。毕竟，我们在和对美国境内发起恐怖袭击的肇事者交战。不过，对于刚刚结束训练才几周的我来说，在抵达喀布尔后几小时，就接到这样的指示，委婉地说，还是觉得有些吃惊。因为我没有任何军事作战经验，我对新发的枪还有些陌生，有些用不惯。身上的商人气息还比较浓，看起来并不那么像一名突击队员，所以当我出现在战区时，我多少觉得还是有些离奇。

然而，事实还是有些差异。我接到了一个清晰得不能再清晰的指令——我的工作不是随大伙儿一块去实施什么抓捕或袭杀行动，我只是负责收集情报，为他们的工作提供支持。不过，直到现在，我还记得自己“第一天的工作”经历只限于了解周围的建筑，努力寻找办公用品的发放地。这个很直接的任务是一位长着灰色胡子的副警长交给我的。干这样的活并不能说明我天真（好吧，可能会有点），在我接受组织把我部署到喀布尔的任务时，我很清楚自己此行的目的。这样仓促的任务分配也真实地体现了美国国内形势的严峻性。那时候正是一个使人清醒的时刻。

企业界最近也发生了许多危机。许多行业在遭受前所未有的打击之后（这也会是你所在的行业，如汽车、金融服务和房地产行业等等），高层领导却有意站出来否认形势的严重性，而不去承认危机的存在，也不发布清晰的指令，以此扭转危机局面。许多企业传递给员工、股东及国会的信息错综复杂。他们一边寻求救助，一边预测近期发展；一边在某些事情上大量花销，一边却在削减成本，进行裁员；一边承诺创新，一边又墨守成规。我有一个相识（我不知道他的姓名，他至今还在一家江河日下的金融服务公司守着一份管理类的工作），告诉我他所在的工作部门很像电影《飙风战警》中描述的情景一样：

> 人们都不知道该干什么，我们从上级得不到任何具体的指示，所以办公室里有一半人只是干坐在那儿，什么也

不做。另一半人是四处尝试各种各样肤浅的想法，希望危机过后，他们能被视为明星。这简直就是胡闹。

很显然，一个混乱无序的企业很难充分地应对危机。

正如我在本章前面所说的那样，高级管理层在危机期间是不能擅离职守的。公司高层不仅应该比以往任何时候露面都要多，而且在发布指令时，也要比以往任何时候都要坚定清晰。毕竟，企业与员工的利益息息相关，在企业遭遇危机时，员工积极帮助企业扭转颓势也会从中获得诸多权益。

向员工求助！

要做到这一点，你不需要一夜之间成为一个军事指挥官。你不需要书写华丽的演说词，以虚假的方式进行企业动员大会，或发表一些振奋人心的陈词滥调。相反，有效的危机领导者只需要诚实地、清晰地、及时地、真实地并且坦率地进行各种沟通。实际上这非常简单，你应该让企业内更多的人参与这种沟通。下面是针对这一点提出的几条建议：

(1) 坦诚沟通形式的严重性；

(2) 坦诚沟通解决方案，即使方案很少；

(3) 制定具体的短期危机管理策略方案，最好能具体到部系级别，甚至个人层面；

(4) 制定更为具体的中期目标；

(5) 适时改进以上方案和目标。

上面给出的五条建议中，在应对危机时，第三条最重要。因为这一条能促使员工行动、提供帮助并使企业继续进行生产。你需要发布清晰无误的指令，然后下放权力，退后一步，让员工根据安排做好他们的工作。

通过本章的介绍，我真的开始怀疑中央情报局高级官员们是不是还怀疑他们的沟通有些形式化了。但事实上，他们成功的交际策略使组织内的每一位成员都能在工作上坦诚相见。每个人都迫切地愿意分享即时情报资讯，并愿意随组织采取相关行动。清晰的指令还可提高其他危机管理策略：

目标越清晰，就越能让员工超常发挥自己的工作能力；

在危机期间，确定并发布清晰的指令，通过有效的危机管理激发员工对公司的忠诚度；

清晰、可操作的指令可在企业上下凝聚共识，维持生产效率。

危机管理策略（五） 下放特权

与大多数身处危机中的私企不同的是，美国中情局在“9 · 11”事件后并不缺钱。战争会消耗大量现金，但幸运的是，我们有充足的现金。在阿富汗，我们花现金购买战术情报，用现金给线人支付报酬，花现金确保我们住所的安全。

我们还用现金买回了当年对付劲敌苏联的毒刺导弹。军官衣兜里装有现金，盒子和袋子里也会装有现金。我们负责提供收据并为开支的钱做账。当然，有时一下子看到这么多账单，还是有点令人眼花缭乱。记得有一次为了和阿富汗当地的一名军阀进行合作，对方要求给他大量现金，我们用一个棕色大袋子装，足足装了一袋子，在签署收据时，我相当犹豫。这么大一笔现金，其价值远远超过了我的年薪。我想先阅读一遍合作协议中那些细致的条文，可战区那时没有律师，也没有打印的条文。

在众多被派往阿富汗的经验丰富的中情局官员中，中情局赋予了他们前所未有的特殊权利。大多数上战场的军官都得到了大量的资金支持，同时，他们也肩负了职业生涯中前所未有的重任。这些官员获得授权并找到了相关途径去完成一项艰巨任务。最终，他们不辱使命。

前线军官获得授权也改变了一个中情局内长期存在的不利于组织发展的弊病。长期以来，中情局总部官员和战场上的官员在情报合作方面一直存在着几乎赤裸裸的分歧。经常出战的官员埋怨总部（或者“死亡之星”）习惯规避风险，行动缓慢，乏味的会议接二连三。他们批评总部“智囊团”天真、不给力、过于官僚化。然而，总部反过来批评他们过于激进和冲动，采取的行动无大局意识。

值得注意的是，中情局情报官员经常频繁换岗，因此大多数留守总部的人员也会花大量时间体验战场生活，反之亦然。不过，这对他们没什么影响。情报官员们（无论是总部的还是战场上的）开始最新工作的那一刻，他们很快就会融入其中。

因此，中情局这种原本“我们对抗他们”的心态在“9 · 11”事件之后的一段时间里消失殆尽。战区警官不必再向总部发电报请示就有权做出重大承诺和决定。总部欢迎战区列出愿望清单，以获得资金、权力、人才、人事调配等方面的支持。很快，这种授权许可帮助那些初次派遣到阿富汗的官员在艰难的局势下取得了非凡成就。

现在，让我们来对比一下陷入危机的企业往往是怎么做的。由于困境中的企业资金都不充足，往往企业开支的优先决定权就会被更高级别的管理人员掌控。突然之间，初级管理人员需要获得授权才可预订机票；客户服务代表得到管理审批后，才能给客户退款；企业只是对更高级别的会议支付会议经费；绩效奖金也必须由首席执行官亲自签署才会发放。

当然，若是某个企业爆发了财务危机，上述情况是可以理解的。但独揽大权就会给企业带来灾难性的后果。从财务的角度来看，一个企业身处危机时，倾向于对所有事情采取更加保守的做法。在这种情况下，企业会觉到营销计划风险太大；扩建工程也会缩减；招聘计划也会紧缩。很多决定会取消、拖延，高层会直接做出许多收缩计划。这样，原本有权的职员几乎失去了所有行动的能力。最终，极端地揽权，就会导致各项计划无法实施。

在危机期间，下放权力是有风险的。当你的企业未来飘忽不定时，每一个决定和承诺都具有无可比拟的作用。但如果你不相信那些最了解客户的一线员工能够继续在危机中做出正确的决定，那你的招聘、培训以及管理策略就会出现大的失误，即使是高层介入，企业也注定会走向失败。因为企业老总不可能去干预每一件小事。

我希望，现在的自己对流行术语有一种深恶痛绝的憎恨。读研究生时，我常常和班上的同学玩术语词汇猜谜游戏，我们制作了商务宾果卡（buzzword bingo），老师讲到一个词汇我们就删掉它。每一张标有“战略”这个词的卡片，就会被当作同类。因为商业人士通常都喜欢用“战略”这个词，而青年人玩游戏时更多地使用“喜欢”这个词。“下放权力”是另一个随处可见的术语，因此在这里我还是不大情愿去用它。但我需要强调一点，我不会把这个词汇用到那些懦弱之人或那些自我感觉良好的人身上。在用这个词时，我指的是一些具体的很实际的事情。在企业界，下放特权意味着授予那些下属阶层更多的决策权和控制权。危机时刻就是要让那些专家（危机前一直从事自己日常工作的人）做他们最擅长的事。

下放特权能够提高以下几种其他的危机管理策略：

能使员工做一些具体的事情来缓解危机，从而使企业内部形成合力。

把权力下放至企业的各个阶层，使高层领导更多地露面，因为高层终归更善于做领导，而不是做一些微观的管理工作。

特别授权能使你重新整合分配资源，因为它赋予了员工做比以前更多的事的权限。

危机管理策略（六） 重新整合分配资源

“9 · 11”事件发生后不久，中情局官员开始大量涌现出来。毫不夸张地说，突然涌现这么多官员来做自己本职以外的工作，中情局的办公桌和电脑几乎都不够用了。这些官员在完成自己的日常职责后，就来帮忙做其他的事，甚至连晚上和周末也都在这里加班工作。已经退休多年的情报官员和军官也来为中情局贡献自己的力量。许多军官放弃了海外优越的工作回到中情局总部，在反恐中心做着一份不怎么光鲜但却极为重要的工作。情报学员们结束了白天长时间艰苦的监测侦查培训课程，晚上就进入总部为中情局提供所有力所能及的帮助。在恐怖袭击后的混乱局势里，具体的职位描述已没有什么意义。如果你在那儿，你有能力，你愿意的话，那你就有工作可做。

一旦局势开始走向明朗，中情局的生活就会发生变化。中情局的使命、行动方法和思维模式就会发生彻底而不可逆转的改变。几十年来，情报界的风云人物一直都是冷战时期的情报勇士。他们能说俄语，职业生涯不是去追随苏联国家安全委员会，就是被苏联国家安全委员会追逐。他们已经喜欢并习惯喝伏特加酒了。但“9 · 11”事件以后，情报人员之间思想交流的障碍性技能似乎突然变得离奇起来，人们变得过于理智，也开始过于严肃。

情报界新的超级巨星会是谁呢？他们将会是那些会讲阿拉伯语、波斯语、达里语①的情报官员。他们更熟悉错综复杂的社会关系。比如说他们会与目标共享一杯茶而不是一瓶伏特加。而曾经一度很少手持枪械的情报官员现在突然也必须得接受武器训练。（想象一下在我匆忙参加M4 冲锋枪资格考试培训课程时，发现一位说话甜蜜、身材娇小、身为三个孩子祖母的妇人也来参加培训课程，我是有多困惑呀！）情报官员们会用量身定制的西装换取凯夫拉尔纤维，还会在走廊里随意听到人们探讨各种抗疟疾药物利弊的谈话。

“9 · 11”事件后，中情局对自己的情报活动方式进行了自我改革，这是一个影响深远的事情。改革的重点涉及情报行业的培训、招聘、后勤以及技术等诸多方面。情报界勇于和过去的做法决裂，加速改革，十年来一直在实现蜕变。

---

① 达里语（Dari），阿富汗的官方语言之一，是生活在阿富汗城市地区所有居民的通用语言。——编者注

提到革新，企业界绝不陌生。企业会做出一些重大的改变从战略上夺得子市场。但有时候，企业的改革是出于自身的必要性或危机所迫。有无数自认为精于管理的咨询公司声称可以证明改造重组存在风险。（谁还记得星巴克短暂涉足过家居装饰和家具？我想没有。）但无论改革的动机是什么，你必须明白一个简单道理，那就是：一旦开始改革，你就不能回头。

当然，中情局的革新也并不是完美无缺的。但它快速、高效而机智地实现了资源的重新整合。它的一些策略同样适用于其他各种组织和机构。下面将介绍几种这样的革新策略：

（1）依靠技能而非职称去选用人才。“9 · 11”事件之后，美国中情局迫切需要特定的语言技能、准军事能力和特定技术。由于中情局关键的技能型人才并不多，有这些技能的军官很快就跻身领导层。所以，在危机中，就应让技术型和能力型人才代替资历型人才而得到重用。当你公司的电脑系统崩溃后，高管们会退后，让IT专家来做修复工作，不是吗？同样，你也应该把这种尊重给予那些有能力让你的公司度过困境的人——不管这些关键能力是在能够应对罢工的人力资源部，还是在能够核对账目的会计部，或是在能够应对负面宣传的营销部。那些最成功的领导者总是知道什么时候应该带领团队，什么时候应该退居幕后，让团队内的各种专家主持大局。

（2）迅速部署各种团队使其自主履行各自职责，勿让官

僚主义抬头。第四章所提到的快速反应团队就发挥着这样的作用。为技能型职员扫除企业内各种阻碍或延缓其重大变革的因素。给他们资源和权力让他们出色地完成自己的工作，然后随着企业的进展再重用他们。

（3）对不适用的过往事物彻底撒手。“9 · 11”恐怖袭击之后，中情局需要其军官以及所有的官员都把注意力集中到恐怖主义威胁上。中情局可能会有足够的资金，但它并不具备大量技能型的军官。于是，高级管理人员高效果断地宣布中情局在世界上特定地区的特定目标、特定语言以及一些特定的项目都已没有实际需要了。接着，资金用途开始转移；本应执行的任务开始缩减；在建项目被取消。但与此相关的人员和资源仍被需要，只是被派往其他地方发挥作用。这些变化同样也影响到了初高级军官，中情局欣然接受那些不喜欢新现实的人员另谋他职。同样，企业的变革，尤其是那些由危机引发的变革，也能够并应该向中情局的变革一样彻底、一样坚决、一样全面。

下面是中情局重新整合资源给危机管理带来的意义，它们同样也可以运用到企业管理中，使企业有效应对危机。

重新整合资源清楚表明了一个清晰的改革指示。

调整工作重点，重新确定工作方向，可为员工面对新现实提供资源，使其胜任自己的工作。

危机管理策略（七） 保护危机中的前线员工

如果说中情局官员“9 · 11”事件后在阿富汗忙忙碌碌，那就是说安然公司的高管习惯撒谎——这两种说法都如同戏剧一样幽默。中情局官员回到兰利总部也非常繁忙。他们不仅要为关键而敏感的地面行动提供24小时的协助工作，还得为国会和行政办公室及时地发送事后分析简报。这些简报要求大多数完全有效，它们一般繁多费时，似乎还没完没了。简报请求要么是当下的，要么就是昨天的。一切都是那么紧急。

大多数情况下，在保护那些派遣到阿富汗的前线人员时，中情局总部做得都令人非常钦佩。前线某些人员有时也会埋怨，还会追究一些责任，甚至会发无数的信件请求回国，中情局也欣然答应了他们的一些请求，这样地面行动人员才能够安全地完成自己的主要任务。在繁忙的日子里，唯一能够精简办事程序的就是数字信号编码器，因为国会代表团常常带有很多随行人员，要做很多耗时的简报，还得提供大量资源来进行安保。很多人一起从事和数字信号编码器相关的工作，与此不同的是，有些军官也习惯独自完成工作。

即使你的企业危机没有涉及战区，你仍然有前线员工。你的“军队”就是那些在企业发生危机后在面对公众、和客户打交道时仍表现得淡定安然的那一部分员工。这些员工在企业危机期间最需要你的保护。给他们提供信息、资源和内部权力斗争的避身之处，他们才能说服客户：公司会像往常一样给客户提供优质服务。给予他们权利和保护，他们才能继续经营好企业的主要业务。

保护前线员工有以下几个意义：

> 保护雇员免受内讧之痛，能够更有效地集中企业内部共识，避免雇员陷入自我危机之中；
>
> 保护前线雇员能重新整合分配资源，能进一步向客户清楚表明公司会一如既往地为其提供优质服务。

危机管理策略（八） 用激励创造忠诚 用受益建立信任

我最后才提出这个策略，是因为它并不真正适合企业界。对于初学者来说，最后提出的这个并不是一个独立存在的策略。相反，它是前面所介绍的七个策略综合作用下的一个顶点。那些如实践行前七个策略的管理者一定会激发员工的忠诚度并赢得他们的信任。

此外，激发忠诚并赢得信任并不是情报界独有的一个理念。在任何行业中，当危机刚刚显现时，员工看到高管们还在继续为事业而工作，而不是只顾着个人得失时，员工对公司的忠诚度就会增加。当员工感受到管理层一直在进行坦诚务实的交流，公司就会获得信任。

尽管这些概念并不为情报界所独有。但我认为中情局对“9·11”事件的应对极好地运用了这些策略，并产生了实际效果。

我讲过中情局内部在恐怖袭击发生后所产生的一些变动，也讲述了一些人员的个人献身，还提到了许多军官长时间在工作上孜孜不倦的付出。这场危机使中情局最底层和最高层人员一起经受繁忙的工作节奏、艰苦的工作环境和苛刻的健康安全条件，这种经历，对中情局无疑产生了实际而深远的意义。

我可能是在战区侦查期间，肠道患上了严重的寄生虫病(唉，这可是真的)，但即使腹部疼痛得再厉害，我也强忍着。因为这和我们局长乔治·特内特在大庭广众之下接受国会拷问相比，实在算不了什么。在中情局，像这样一些不愉快的小事根本不会触及我们的实际运作。

此外，建立组织信誉度也远不只是情报领域的需要。“9·11”事件后，美国中情局必须成为一个值得信任的情报机构。因为它自己需要世界各国的帮助和支持。在阿富汗战区的中情局军官也需要有良好的信誉度，这样才能从当地部落首领和军阀那儿获得情报、支持和保护。中情局以外的人事，例如私人交易、谈话交流和许诺协议也渐渐受到了忠诚信任气氛的感染。在第五章，我把信任比喻成可以储存和开支的货币。事实已经证明，中情局在“9·11”事件后建立的良好信誉，其价值如同自由流动的现金般可贵。

你若能践行前面列出的七大危机管理策略，同样也可以建立并储存这样的信誉。这样，在困难时期就可以慢慢取出它来帮助你渡过难关。事实已经证明，中情局确实是一个真正懂得危机意义的组织。

第三部分

外部应用

07
跟中情局学营销：
发展你的潜在客户

说服一个目标从事间谍活动就像做营销一样。有些目标是简单的买家，很容易搞定。因为他们的动机很明确，知道自己想要什么，不需要费多大劲就能说服他们，让他们在合作文件上签字。对于一位情报案件负责官员来说，幸运日就是有人自愿走进美国大使馆极其真诚地向美国政府提供高度敏感的情报信息。即使他仅仅是在本上做了点笔记，该官员也会因“招聘”了一名间谍志愿者而受到赞扬。

如果潜在的间谍人员是那种扭扭捏捏的人，那要进一步发展关系就很困难了。最终，这类人肯定会明白合作可以达成，只是他们还想来点令人信服的东西——美酒佳肴。中情局官员在即将说服一名间谍时，会故意透露点自己的身份。渐渐地，他们与间谍分子谈论的问题也越来越直接，并且面谈也愈加谨慎。面谈的最终目的是确立双方的秘密情报服务关系。

招聘中最难缠的情报分子就是那些故意不承认最后面谈中确立了什么的间谍分子。这些目标人物经常是那些可能已经透露过敏感信息但不想把自己当作“间谍”的情报分子。这类人时不时地会泄露一些机密，但要让他们犯间谍罪，那还真是一大难事。因为他们不介意泄露信息，但他们不想让自己被视为一个叛徒。

中情局官员在招聘间谍分子时，若真遇到这种类型的人，最好什么都不说，装成一个脸皮薄的人。很长时间只是见了面才详细打探下机密信息，平时不要和潜在的间谍分子打电话或发邮件联系。这样一来，稍微留神的人都会怀疑自己是被情报官员盯上了。但顽固的目标人物往往还是会忽视这些显而易见的蹊跷事，他们对情报官员这些微妙的试探不做任何回应。对付这种类型的间谍分子，情报官员在万不得已的情况下，只好跟间谍分子挑明说清自己的聘用意向。当然，说得越坦白（“我想从你这儿获得一些关于贵国政府的秘密信息，提供给美国政府。”），就越容易遭到拒绝。所以，说服这种顽固的间谍分子接受一个令人生畏的、直接的方案，就需要派一个机智聪颖的情报官员。因为表达招聘意愿的方式太过于强势就会吓跑目标间谍分子，但过于微妙又会使合作拖延得遥遥无期。

制定正确的策反方略完全取决于目标情报分子的个人情况、大环境以及情报官员和目标人物的关系变化。

听起来很耳熟吧？应该的。这特别像从事高风险的销售工作，只是增加了一些危险和一些额外的担忧。

短期性收买型聘用与促成式发展型聘用

中情局官员对情报分子的大部分招聘都是建立在一种促成式发展的关系之上。说服一个情报分子做间谍需要花时间建立必要的信任。对潜在间谍人员的招聘需要情报案件负责官员对目标进行保护并对其委以重任，从而在彼此之间建立牢固的信任。理想的招聘需要数月甚至数年的时间来建立这种信任关系。

然而，有时候，现实中的事情并不会一帆风顺。在某些情况下，即使是合适的发展过程也不大奏效。比如说，朝鲜的核项目负责官员，通常就不大可能被发展成间谍。他不可能有时间在马略卡岛度假或去洛杉矶参加会议。显然，当你与一个人不可能见面时，与他建立关系就变得更为困难了。在这种情况下，中情局官员可能就会践行短期性收买型策略。这种策略不是很理想，它要求情报官员直截了当地和那些缺乏机会建立信任和亲密关系的目标表达聘用意图。通常，情报官员会用一笔可观的金钱收买目标。不出意外，这种做法大多数时候都会遭到拒绝。想一想，仅仅因为一个陌生人突然给你一包现金，你愿意冒着生命危险去泄密吗？此外，这种策略失败后，后果远远不仅仅是简单地遭到拒绝。如果目标遭到严重冒犯或受到严重威胁，他（她）很有可能把该中情局情报官员报告给当局。这会导致当事人承担各种后果：可能会遭到外交谴责，或遭遇逮捕，或被强制性驱逐出境，永远不得再踏入该国。

不管你喜欢与否，企业界有时候也必须依靠短期性收买型策略。例如，有时企业需要自发地研究消费者决策，但又没有做相关调查或研究；或者为防止难以拜访或者接触到某些潜在的客户，实行短期性收买策略就会为生意成功与否提供唯一的机会；由于一个简短的电话难以建立起亲密的关系，通过电话应聘一份梦寐以求的新工作时，也需要采用这种策略。

如果可能的话，实施促成式发展型策略是最好不过了。这样你不但有机会去和目标建立信任和亲密关系，还可以通过相处这个唯一正确的方法去评估目标的缺陷，最终帮你取得策反目标的最大成功。

根据你的行业和产品特点，你可以与潜在客户建立独特的一对一关系。例如，在其他商务环境里，当产品通过第三方经销商出售时，用促成式发展型策略就会受到企业创建值得信赖的品牌形象的制约。即使你时间再少，实行促成式发展型策略都比短期性收买型策略要好。下一部分将介绍中情局官员如何最大化地运用促成式发展型策略。

增加成功的可能性

在现实中，有时在真正建立一种信任关系之前，你就需要传达一种做交易的意向。中情局官员运用许多技巧来最大化地增加情报交易成功的可能性。毕竟，在情报界，交易失败不仅仅意味着时间和资源的浪费，一些失败的交易会发酵成极具影响力的国际事件，当事的情报官员还会遭受指控、制裁以及被禁止引渡回国。下面将介绍中情局官员用来增加目标接受交易可能性的八个技巧。每个技巧同样也都适用于企业界，它们可以帮助商业人士避免被潜在的客户“驱逐出去，永不再进入”。

（一）做个变色龙

在和潜在顾客面谈时，不管你是把自己当“产品”一样在出售，还是作为一个中间商试图促成一项重大交易，对潜在客户做一个完全的评估都会使你从中受益。当然，在和目标进行面谈之前，你得提前做好准备工作，尽量多了解你的目标。但是，最重要的评估工作应该放在你们初次见面时。

运用在第二章所学的策略性诱导和证实技巧对目标迅速地做一个应急评估。首先，找到共同爱好或相似的背景因素，与目标初步建立和谐关系（如：“你去华盛顿大学吗？我也是！”）。因为真诚的人际关系有利于减少正式交往带来的压力。

接着，弄清楚你的目标客户是什么类型的人，他（她）的弱点又是什么。他是那种容易接近但要你破费请他吃饭才会产生亲密关系的人？或者她是那种对该策略不屑一顾，心里把这饭钱算到公司的开支里的人？当然，要是你有一套随便可以发挥的技巧那是最好不过了，一旦你意识到目标的个性和缺陷，就可以对他（她）有的放矢。这个评估和适应技巧不肮脏也不下流，它只是一种决定是否有机会与目标进行第二次见面的手段。在介绍下一个技巧时，我会告诉你，从第二次见面的效果来看，中情局官员和目标早期建立的持久关系是非常有价值的。

（二）争取第二次会面

中情局官员很清楚，耐心且有条理的方法通常是实现有价值聘用的最好方法。一般而言，情报官员初步实施的策略的唯一目标就是争取与目标第二次会面。即使情报官员未能获得一丝可报告的情报，业绩本上出现第二次与目标见面的记录，也算是一种成功。

为什么制定这样一个卑微的目标呢？因为让一个难缠的目标同意第二次与你会面意味着，你要遇到好几个重要的目标才能实现这个目的。你已经为继续接触找到了合适的理由。你建立了足够融洽的关系，目标就会愿意花更多的时间和你交谈。你已经创造了一个更有利于你的环境去进行第二次见面，在这种情况下，你就可以更坚定地按照你的计划行事。

这就意味着，如果你在高尔夫球场上碰巧见到你梦想的客户，不要试图在打完第十八杆球前敲定一笔交易。相反，你要利用这次机会争取另一个和他进行业务会谈的机会。如果你在电梯里遇到了你钦佩的老板，不要按照传统建议急匆匆地和老板谈天说地，你要做的是，利用乘电梯的机会说服他安排一个与你见面的合适时间。乘坐电梯那么短的时间是谈不下一个重大议题的，第二次见面说不定也不行。如果你的终极目标是要建立一种高风险、长期的贸易关系，不要害怕花时间去经历这个发展过程，最终，你投入的一切努力都是值得的。

（三）扔掉陈词滥调

呀！陈词滥调可以补救不计其数的弊病呢！开个玩笑。面对公众演讲你会紧张吗？我们中的许多人试图通过一遍又一遍的演练来消除这种紧张感，直到睡在床上也能把相关内容说出来为止。面谈的时间很长吗？非常短。问题你都可以预测的到，同样，答案你也能猜测出来。你的产品被宣传了有上千次吧？你可能会发现，不仅你的言语会机械式地脱口而出，连你的笑话、手势和口头禅也是如此。你正在向一位难缠的顾客传达一条难以理解的信息。大量的练习减少了说话人的情感成本，同时也降低了听众的情感诉求。

陈腐的招聘意向产生的弊端远远多于利益。首先，它常常会带来明显的麻烦。人们从随意的谈话转变到过度预演过的独白，往往会免去一些过渡性的行为特点。他们站着或坐得更直，他们的语言变得更正式或更不自然，他们有时用一些言语修辞，如反问句（“你有没有想过为什么……”），音调和语气往往也会稍有变化。这些变化本身并没有什么坏处，但有时候当你演练过多，真诚就显得不再那么重要了，因为听众已经感觉不到你的话可以打动他们了。

更糟糕的是，陈腐的言辞往往会使说话者像一台自动说话机。那些刻板的演讲者都有一个无视观众提示的坏习惯，他们可能会使观众感觉不到演说的方向，致使有些听众不能认真聆听他们提出的问题。面谈前死记硬背相关要点用来回答可能会出现的问题，会使说话者在面谈期间误解一些具体问题的细微差别。帮助自己丢弃那些陈词滥调，全方位了解你的产品，培养使你能够即兴说话的能力。

（四）听说适时结合

作为美国中情局情报官员，我的第一个招聘目标真是令人煞费苦心。在训练期间，我经历了数十次招聘。但这次是我作为情报官员的首次招聘实践。我是让一个人冒着生命危险给我提供机密信息。我很痛心地意识到，如果他接受我的报价，那么他为我收集的每一个信息，和我进行的每一次会面，对他来说都冒着极大的风险。这对一个人来说，要求简直太多了，我感到非常紧张。

为了放松紧张的神经，我精心准备了一篇华丽的招聘游说词。我想让他知道我把他的安全看得非常重要；我想让他知道他的角色有多重要，他合作的积极影响会是多么重大；我想提前解决他的担忧；我想说服、安抚他，还想一下子表达完我对他的谢意。在飞往见面地点的飞机上，我默默地背诵着这些说辞。

但事实上，我还没说一分钟，目标就开始看自己的手表。不一会儿，他就开始坐立不安，然后看了看窗外，显得更加不安。

其实，他不需要我进行长篇大论。而且，他早就预测到我们关系的走向，他知道我要问什么，已经下定决心给出我肯定答复。我华丽的说辞显得很没必要，很显然，他很厌烦这些说辞。于是，我长话短说，切入正题，几分钟后，我们举杯共祝新的计划安排。

如果我继续喋喋不休地说完我原先的安排，他会拒绝我的聘用意向吗？可能不会，但我很高兴，自己东拉西扯地说了一通之后，还是注意到了他的反应，并改变了策略。

大多数时候，人们在和别人交流时，要么只听不说，要么就是只说不听。但如果你想做成一笔交易，你就必须时刻保持警醒，甚至在交谈期间也要如此。最优秀的演讲者和销售人员都能意识到他们从何时开始失去自己的听众。一边看迹象，一边进行评估。时刻准备改变谈话方式。

但这并不意味着你要谄媚地讨好听众或卑躬屈膝地迁就观众。事实上，你的策略很可能会引起愤怒、怀疑或其他一些看似消极的反应。关键问题是你必须得知道自己想要听众如何反应，仅仅依照想法去做就可以了。

（五）分析自我缺陷

即使是最优秀的演员也无法把一个角色演得完美无缺。你可以尽可能地细心、机敏和灵活，但你的外表、个性，或其他不可改变的因素总会把你置于不利地位。也许你给观众留下了一个糟糕得令人难以原谅的第一印象；也许你使面试你的人想起了她的前夫；也许不管你怎么努力，你就是无法与客户建立融洽的个人关系。

在情报界，人们总会去想怎样给情报官员和他们的招聘目标进行合适的配对。在大多数情况下，二者的相似性越多，配在一起就越好。如果二者在语言、种族、性别和专业背景等方面能够匹配的话，他们就会自主地建立一种密切关系。当然，所有配对都如此也不现实。事实上，在我的职业生涯中，招聘到的绝大多数目标都是那些与我既没有共同宗教背景也没有共同种族背景的年长者。但这并不妨碍我的工作运转。我之所以能够顺利地与那些社会政治背景截然不同的人进行合作，很大程度上是因为我承认并考虑到了招聘目标的多样性，也考虑到了他们对我这样一位年轻的西方白人女士可能会有的反应。

另一方面，我很确定，有些目标人群，我招聘他们寻求合作是极为不合适的。我的背景、性格、外形特征、语言能力和这些目标实在是难以共处。因此，我甚至都不去物色这类目标，因为我知道还未作出初步接触，就会招致重重困难。

当然，我并不是在主张读者朋友们只能去物色文化、宗教、种族、性别甚至最喜欢的体育运动都和自己相符的目标。事实远不是那样，据我所知，某些各方面截然不同的人之间也存在着最具优势的商业伙伴关系。然而，我还是建议你提前预测一下目标对你会有什么回应。此外，如果你想寻求目标进行合作的话，你最好做好摈弃偏见的准备。

从这方面来讲，自我认知的关键就是要知道人们如何看待自己（不管好坏）。回想一下自己与别人发生摩擦时的错误做法。发现什么共性了吗？是不是有一部分人都觉得你性子太急，或过于自大、过于被动、过于沉默等。在你误判情况的背后，是不是也存在着某些相似之处？有没有令你感到怯场、过于戒备或者是过度紧张的场合？是否还有其他表现极为不好的场合？

如果你缺乏自知之明，即使你已经把目标在其整个领域的背景和弱点都摸透了，你和他交往依旧会以失败而告终。

了解自己在他人心中印象的最好方式就是对自己的交际实例进行仔细分析。如果可能的话，推销商品、做ppt讲解或与他人进行面谈时，找个人帮你现场录制一份视频。要是不方便现场录制，如有必要，也可以对这些事件不断进行角色排练。录制好的视频放在一边，等过段时间再去查看视频，仔细回顾自己的表现。查看视频时，要弄明白哪些表现不够好，不要只是刻板地指出哪儿不好，要努力去想他人在交往时对你会有哪些反应。你是可爱类型的？是严肃类型的？还是幽默风趣类型的？你魅力超凡、口才卓越？还是严谨肃穆？你盛气凌人，还是与人为善？你是到哪儿都紧张兮兮的吗？你说话含糊不清吗？有没有眼神交流？经常皱眉吗？一定要仔细分析你的细微表现。

如果你心理承受力足够强大，那就让你最坦诚的朋友直言不讳地批评你在视频中的表现，这样会很有帮助的。要欢迎他对你的表现给出最严厉的批评，因为你需要了解这些，进而更充分地了解自己。这样做最终是为了使你能够改善自己，去适应那些与你有不同习惯、迥异个性的人。了解你个性上的最大不足是为了让你在人际交往时表现出你的最好一面。

（六）了解他人的缺点

中情局官员都会对目标的弱点尽早进行评估，从而了解这些弱点，尽可能系统地利用这些弱点。下面这些就是我的招聘目标的弱点，也是我可以利用他们的地方：嗜酒，但其国内禁止喝酒而不能饮酒；仇视现存政权；有强烈的移民美国的愿望；具有带圆点的恋物癖(你最好相信当我有这个爱好时，我会把它印在我的衣服里)；需要有人倾听他的政治见解；需要金钱；需要找回自我，等等。让我再重复几遍：金钱；自我；金钱；自我，自我，自我，自我……意识到一种趋势没？

这并不难理解。我也没有揭示什么大道理，人们就是喜欢金钱。人们也喜欢被人喜欢，喜欢有人倾听自己，喜欢自己被重视。一般来说，把心思聚集到这些方面，至少会让你朝着正确的方向前进。

然而，顾客喜欢销售代表并不是企业发展的唯一要素。尽管它有实际效果，但通常它只是一个促成因素。你可以阅读所有关于如何让别人喜欢自己的书籍，但如果你的产品定价不具竞争力或质量不符合标准，你就是再有魅力也不会完成交易。

在企业界，检查缺陷应是双重的。你不但需要找出目标所在行业的缺陷，还需要找出目标的个人缺陷。运气好的话，这两种缺陷会重叠。但通常你不会有这样的好运。实际上，你很可能会发现自己被困在个人缺陷和企业缺陷的悲哀之中。例如，销售代表会遭遇一个被公司授权只购买最便宜的服务但却喜欢享用价格不菲的美酒佳肴的客户。

探究行业缺陷最主要的就是要建立一张宽泛的信息网。你需要多确定一些信息源帮助你尽早弄明白发展方向。毫无疑问，你需要做大量的背景研究，其他的将由你的行业来决定。你可以从前雇员(甚至现雇员)、供应商、经销商、在线产品评论和其他竞争对手那儿获得目标的各种信息。了解目标的公司现在所遭受的困境，并准备帮他解决困境。不过，你还是要谨慎行事，如果鲁莽地指出目标公司的缺陷，很容易伤及掌舵人的自尊！

无论是评估企业缺陷还是个人缺陷，无非就是通过调查研究去获得直观的评估。做好准备去利用你发现的任何缺陷，那也意味着有人每次开会时都穿着丑陋的圆点衬衫。你要留意到他的缺陷就是他很喜欢这种另类的衬衫。

（七）定期约谈

这个技巧听起来有点像绕口令[①]。在中情局经常会发生这样的事，情报官员精心周密地培养了一个间谍新人，向其提问了许多关键问题，并且得到了积极的答复。但这位新人回家后开始反省刚刚同意的事项。他想了些本应该提问的问题，准备打电话给刚刚谈话的情报官员，但情报官员告诉过他不要使用未加密的电话。他想做一些调查，但他知道使用家庭电脑在互联网上搜索间谍活动的相关主题会更好。他把做间谍的事情告诉了他的妻子，妻子开始大哭并指责他会毁坏家庭。他开始怀疑，非常严重的怀疑。他会不会与自己的情报官员见面，那完全得看他内心还有多少做间谍人员的热情。

由于潜在的目标一般都会存在强烈的情感纠结，中情局官

① 定期约谈的英文为Regularly Rerecruit，读起来有点像绕口令。——编者注

员们吸取教训，都会在下次见面时对目标进行一次约谈。这次主要把宝贵的时间用在解决目标徘徊不定的问题、平息恐惧和消除疑虑上。

要对同一个目标定期约谈。以下任何非凡的事件，都值得情报官员花时间再去约谈目标：情报案件负责官员更换、目标死里逃生般地越过边境、好管闲事的同事对目标进行了可疑质问等等。

在企业界，寻求合作不必招致情感上的多次烦扰。但合作过程中应该经常检查业务关系并不断重建和谐的私人关系。千万不要忽视客户或顾客，不要等到他们要进入竞争对手的阵营了，才去挽留他们。你应该养成和他们定期持续约谈的习惯。在企业内部也是如此，我们都会遇到这样的老板，随着时间的推移，他们似乎对我们产生了厌倦。我们的同事也是如此，时间长了心理距离就远了。这样一来，即使是寻求与同事的合作，也得定期修补关系，合作才得以实现。

（八）避免正式谈判

我本想用一个章节去写情报界的谈判方式，但我很快意识到，这只需一个小片段就可以搞定。因为中情局官员从不谈判，面对正式谈判，他们就像对待瘟疫一样。

中情局官员习惯于观看美国外交官员的行动，尽管时常感到困惑，但他们之间还是有着密切合作。和情报界大不相同的是，外交界会有繁杂多样的协议、手续和决议，还有冗长的标题和费时费力的严密谈判。外交官们因自身娴熟的辩论技巧以及对联合国的议事规则的了解和掌握引以为豪。他们的事业在高度管控的环境中蒸蒸日上。

与此不同的是，情报官员一见到正式场合就会坐立不安。在给重要的会议地点选址时，比起正式的会议室和酒吧，他们更喜欢后者。他们喜欢在餐桌上讨论事物，而不是在谈判桌前。所以，你永远也不会把情报官员送进法庭。

从某种意义上来说，中情局官员也会“谈判”，不过他们参与讨论是为了产生协议。情报界的谈判方式和你见过的外交谈判和企业界谈判看起来都大不相同。下面是情报界现实中的几项谈判策略：

将与会人员数量缩减到最小。中情局官员在做决定时，喜欢尽可能少的人参与决策。参与的人越多，意味着泄密的风险越大，也意味着偏见更多、争论更多、浪费的时间更多、反对意见越多、决策变化越多。

瞄准高层。直接可以找高层解决的事情，为什么要召集一个团队磋商解决？情报官员通常直接找各级组织负责官员解决事情。秘密警察一般直接去找任何组织的官方机构。幸好，中情局的规定给予情报官员权力去直接会见繁忙的杰出领导。

知道谁是决策者。部门负责官员也并不总是真正的决策者。你必须得搞清楚你要进行会面的部门最高领导是不是有自己的助手或顾问。因为缺乏专业知识、自信、时间或兴趣，高级领导有时会把决策权交给自己信任的下属。真正具有决策权的人才是你应该说服的人。

谈判地址应对双方都有利。若是同意在对手的办公室进行谈判，对手很可能会带其他人参会，例如法律顾问或助理。所以，你要选择一个更有利于召开小型会议的地点。事实上，在小船上开会对你来说是最好不过了。这样参会人数最少，也最有利于保密。周围的环境更有利于人的身心保持愉悦和放松，这样你也完全能够把握时机。即使，在现实中你无法把小船当作谈判会议的选址（我们当中许多人都做不到），你也应该在谈判真正开始前，努力向对手争取合适的谈判地点。

给出一个对手难以拒绝的报价。如果你清楚地了解到对手的弱点，你就能给他一个令他难以拒绝的报价。这也就是说，你要给出一个诱人的报价，让他觉得拒绝此报价自己就是个傻瓜。这也可能在礼节上对他是一种施压。（我是讲法律的人，我才不在这里主张去勒索对手。只是想给对手一种不接受报价后果难以承担的感觉，比如，在业务竞争中败给劲敌）。不要像正式谈判那样故弄玄虚，到头来还是原本给出的报价。

持续跟进。不管你做出了承诺还是威胁，都要继续跟进。你可能会重回谈判，时间比你想象的还要快。但只是虚张声势绝不会有好结果。

保持积极的态度。尽管前面提到过这种利用目标弱点的大棒策略，但中情局官员用胡萝卜策略还是要多于大棒策略。急于建立关系的一方总会迁就不大情愿的一方。但可能的话，要尽力建立互利互惠的关系，最富有成效的谈判总是追求积极的利益，而不是负面结果。

你是不是也觉得中情局的“谈判”与商务谈判大不相同了呢？如果是，那就对了。你会惊奇地发现，情报界人员在亲切地共享一顿大餐和一瓶葡萄酒期间，许多重要的国际问题就解决了。因为大多数情报界事务都是基于信誉、亲密关系和利用对手弱点，通过私下谈判解决的。

现实世界中的间谍情报技术

如果你正在阅读这一章，对自己喃喃自语地说这本书主要是以产品或服务的差异化为重点探讨人际交往问题，那你就说对了。然而，我们中情局官员不卖产品，也不做产品演示或举办晚会。与竞争对手相比，我们不认为自己表现得更好、反应更快、或更值得信赖。我们对财务有着不切实际的看法。连法律也难挡我们追求自由的步伐。

中情局情报官员关注更多的是销售而不是产品，因为他们能从目标那儿获得大量产品——机密信息，但这种循环的经营模式在企业是难以复制的。

不过，如果你果真懂得信息的价值，你就不会按照传统思维把它卖掉。情报界不太在意产品，在意的是人与人的关系、背景信息、目标的弱点、信誉以及和谐的关系。中情局官员物色了许多难以置信的重量级目标，还没动用双重间谍，只是做了一些背景调查，冒了一把险，利用了一些情报工作者的个人魅力，宣传了乌托邦式的理想主义，就说服了许多人冒险做了一些令人难以置信的事。

08
控制供应源：
供应链管理的隐性模式

2009年8月，国际刑事警察组织对科特迪瓦的一家可可种植园进行了一次大规模的突击检查。此次检查使得54名被贩卖的童工得以营救。这些童工来自于七个不同的国家，最小的只有11岁，没有接受过教育。他们被要求在极其艰苦的条件下生活和工作，工作没有任何报酬。

科特迪瓦的可可主要销往世界各大巧克力公司。

由于可可行业历史悠久，“可可运动”这个广为人知的劳动者维权运动不断给糖果公司施加压力，促使其采取更多措施来防止滥用童工等类似事件的发生。“可可运动”揭露了一些引人瞩目的现象：可可种植园为了降低成本，对孩子们百般奴役，孩子们被奴役的样子实在骇人听闻。他们的困窘之态看起来简直就是格林童话里最黑暗情况的真实写照。

很明显，没有哪家公司希望自己的生产情景被描述得如噩梦一样。

不幸的是，孩子们这种可怕的经历并不少见。联合国数据显示，全世界有超过2亿的童工。不要以为这个问题仅仅存在于第三世界。在美国，包括危险的肉类加工业在内的一些产业，经常被爆料招收未成年童工。新闻头条上也会经常出现一些其他违背人权和安全规定的经营现象。这些报道常常会使人感到不安。在西方，由于供应商的违规做法，各行各业的许多大型公司都受到了公开的严厉谴责。这些公司包括：耐克、锐步、GAP（美国时尚品牌公司）、星巴克、费尔斯通（美国一家著名橡胶轮胎公司）、可口可乐、美泰（全球最大的玩具生产商之一）、孟山都公司（美国著名农业生化公司）等等。

假如现在是午夜时间，你知道你的各级供应商们在做什么吗？除非你是一名业务可能依赖于众多供应商和第三方供应商的阿米什家具工匠[①]，否则你很难知道他们在做什么。因为这种家具工匠的各种材料来源都有自己的供应链，各层供应链

---

① 阿米什人是美国和加拿大安大略省的一群基督新教再洗礼派门诺会信徒——又称亚米胥派，以拒绝汽车及电力等现代设施、过着简朴的生活而闻名。——译者注

又有自己的供应商，等等，他们对各层供应链及供应商都很清楚。毫无疑问，在这个巨大的供应链中，任何层级的供应链之间出现差错都意味着你将会对整个供应链失去控制和监督，也意味着你必须得处理非常棘手的难题。

供应商不仅仅只存在招用或虐待童工问题，也不只是出现在北美以外的工厂里。美国消费者产品安全委员会每月在全国范围内主持召回包括铅材料使用过度的儿童玩具、含毒成分的狗粮、自动起火的汽车引擎在内的十几种产品。层出不穷的供应商问题会严重影响你的生意。

猜猜这是为什么？因为顾客不会认为产品的问题是由你的供应商的供应商的供应商造成的。他们只会认为，如果制成品上印的是你的品牌标识，那所有的问题都是你的。

这是解决办法吗？

辞去美国国家劳资关系委员会调查员的工作后，我参加了一家著名消费品公司的求职面试。这家公司因其海外供应商劳工问题遭到了众多媒体的负面报道。接受聘用后，我的部分工作是负责监管公司新近供应商的合规项目。

这份工作听起来很有意思，我也急切地询问了检查合规程序的一些问题。对于如何检查相隔甚远的供应商的生产活动，我有自己独到的看法。但对公司已有的做法我也充满了好奇。

得知实情后，我颇感惊讶，因为检查过程很大程度上依赖于供应商的本地管理。检查开始前两周，公司经理会给供应商经理下发一个临时通知。供应商需挑选员工代表在检查期间接受“秘密”面谈。

对于供应商来说，有以下四个问题值得注意：

(1) 两周内能做多少准备工作?

(2) 应挑选哪些员工接受面谈?

(3) 面谈得在工厂里。

(4) 负责提供面谈时的翻译人员。

很显然，以上几点并没有涉及多少机密信息。供应商精心挑选的员工代表在其雇用的翻译面前当然不会透露关于其生产活动方面的任何不利信息。因此，公司对供应商生产活动“检查”所形成的评价以后几乎不变，也就不足为奇了。十多年后，公司仍深陷在供应商问题的负面宣传中，也不没什么好奇怪的。

我原以为公司的这种做法完全徒劳无效，然而，事实并非如此。

中情局官员都很善于分辨那些阻碍他们获得有争议数据的因素。至少，所有情报案件负责官员都知道情报信息提供者在透露情报信息时，需要得到安全保证。商界同情报界一样，也需要精准可靠的情报。所以，即使是在困难时期，企业也有理由去学习中情局那些获取真实情况的技巧。

企业合规现状检查

现在，我们一起再次回到科特迪瓦可可种植园的事例上吧。比如说你是那里一位心怀善意的糖果生产商，你真诚地希望自己所有的原料供应商都能遵守企业行为规范，那怎样才能确保这些原料供应商在生产可可的种植场不给公司惹麻烦呢？大多数公司会利用下面这些技巧来确保原料合规：

要求供应商签订一份遵守贵公司行为准则的协议，承诺遵守法律标准和伦理原则。

现状检查：任何想使用童工从事劳动的雇主都会毫不犹豫地和你签署公司行为准则，但签了之后却一如既往地雇用童工。在现实中，遵守企业行为准则是一件自愿的事情，能严格遵守的企业很少。人们（那些坏家伙）认为你的公司行为规范只是说说而已。

要求供应商就违背公司行为规范的事例定期进行自我评估，并撰写自评报告。

看到以上的现状核查，我甚至觉得这一条建议很荒谬，都不太情愿把它写出来。但很多大型的成功企业却真的在使用它。但说真的，读者朋友们，不要太天真。自评报告真不是一个有效的解决方案。

要求供应商提供遵守劳工和招聘法的证明文件。

现状核查：证明文件，尤其是那些来自国外供应商的证明文件，很容易伪造而成。在科特迪瓦可可工厂，尽管童工连报酬都得不到，但奴役童工很显然没有出现在“证明文件”里。

在实地考察时，要对供应商的厂房进行常规检查。

现状检查：所有不法行为的相关证据都会在你到访之前消失得无影无踪。但在你离开之后的数小时内，违规活动又会恢复。

聘请审计公司进行额外的合规检查和认证服务，包括突击检查。

现状检查：虽然有些公司自称拥有法律相关背景的顾问，但谨慎的供应商还是可以轻松地逃避他们的大部分检查。想象这样一个情景：一整车的美国商业顾问沿着土路驶向偏远的非洲可可种植园。他们不完全是一个整体。你当然可以用一大笔钱来买断他们的报告，但我敢说，在他们取得违规活动证据之前，可可种植园一定知晓他们的行踪（顺便说一下，在还未宣布要去科特迪瓦之前，他们很可能就已经在当地为数不多的酒店中预订了一家酒店，雇用了当地司机和翻译）。国际刑警组织之所以能够成功突击检查科特迪瓦的种植园，是因为他们有当地执法警官组成的八个小组团协助。其他额外警力封锁了种植园周围的道路，专车负责查找其他受害者。毫无疑问，要价不菲的审计公司是不可能这样做的。

奖励有证据举报企业违规行为的检举人。

现状检查：虽然这个策略出发点很好，但结果会导致心怀不满的前雇员、竞争对手和一些谣言制造者的恶意诋毁。也许其中会有一些真正的检举报告，但要辨别检举的真伪太浪费时间和资源。

也许你能明白这其中的道理。在世界各地的许多行业里，传统的监管供应商合规方法都已变得无效。我们再一次回到善良的巧克力制造商的事例上吧。如果他真的想知道他的供应商种植园里哪里出了问题，那他只有一个有效的方法来发现问题——那就是利用情报系统。

和中情局一样，情报网络也会很好地服务于企业。雇用一个忠实的线人可以得到比任何月度报告更加精准的信息。下面将讲述一些中情局官员建立可靠情报网络使用的方法和技巧，这些情报网络比黄金的价值还要高。

信息源内部的信息源：建立自己的供应商情报网

如果你的业务很大程度上是依靠供应商或分包商完成，那你实际上已经失去了对业务的管控。毕竟，公司选择外包的部分原因就是想减少对生产和作业的各个细节所肩负的责任。然而，失去管控并不意味着问题出现时你应该放弃责任。你必须要做的是，迅速果断地解决问题。不管你是要弄清长期存在的质量问题，还是要解决因高昂成本而导致的延期交货，或是要确保你的供应商遵守合法的劳动标准，你都需要对供应链进行即时洞察分析。

你可以依靠供应商提供的自评报告或是自己选择进行正式且有计划的检查来了解实情，也可以从与休息室里的员工聊天中或从跟在你身后的工厂经理那儿得到真相。当然，你还可以通过月度报告来了解情况。

假如常规手段不能帮你很好地监视供应商，你真的想了解供应商厂房里的一线情况，那你就得建立一个覆盖整个供应链的情报网络。

本章旨在让读者了解企业获取供应链情报的方法。现在让我们来设想一个复杂的企业：拥有多个供应商且每个供应商又使用各种各样遍布世界各地偏远地区的分包商，这些分包商雇用了一批说不同语言的员工。要是你的供应商刚好与你的公司位于同一条街上，那你获取所需材料就很方便了。看看下面的技巧，即使你的“供应商”只是办公区内过道另一侧的一个部门，这些技巧也会起到很好的作用。

当然，情报网络的构建必须要有线人。向你汇报供应链实际情报的理想之人必须具备以下条件：

(1) 有渠道；

(2) 有动机；

(3) 有能力与你进行通讯交流；

(4) 有理有据。

绝非巧合的是，中情局官员寻找潜在间谍也有这几个特点：

(1) 渠道。如果你想弄明白生产控制问题，雇用一名在工资管理部门任职的人员做情报人员是没有任何意义的；如果你想确保你的供应商不使用童工，雇用夜班执勤人员作为情报人员也是没有意义的。最理想的情报信息提供者，是那些能接触到你需要的人和档案记录并了解目标行动计划的人。如果你的供应链极其复杂，那你就需要多个情报信息提供者，且每个信息提供者都有自己独特的信息获取渠道。

(2) 动机。你的情报人员也明白这样一个事实，如果他们提供了太多有损供应商的信息，你和供应商之间的业务关系可能就会终止，你就会选择一个新的供应商。当然，若你的情报人员所在公司丢掉了贵公司的合同，这也将意味着他们很可能会因公司裁员而失去工作。所以，通常情况下，应该对来自供应商的情报人员有所保留，确保其提供的信息无误。

由于情报人员都有自我保护的倾向，你需要的是一个能够提供给你真相的情报人员。从供应商的角度来看，你要找的线人的合作动机可能会有些负面因素。因此，你最理想的情报人员可能是供应商那儿因没有实现个人目的而心怀不满的前雇员，也可能是在供应商那儿担任初级管理职务但极想在你公司任职的人员。由于情报信息提供者所提供的“事实”的版本很可能受到了其合作动机的影响，所以彻底了解他们的合作动机非常重要。

（3）**通信**。信息提供者在发现你需要的信息后，他（她）能够快速安全获得那些信息吗？中情局官员接受了大量秘密通信训练，他们会利用电影中各种各样的技术来协助自己获取信息。商业间谍一般不需要太多这种额外的技术协助，但你可能需要做一番努力让线人把信息反馈给你。这些努力可能涉及处理语言障碍、保证互联网交流通畅、接通国际电话、适应时区差异。如果供应商位于连开会的酒店都没有的偏远地区，那面谈就不大可能了。倘若你的线人居住在一个贫困的行政区域，你在其家里露面会打草惊蛇，但那里交通不便，他（她）又无法去当地以外的地方和你见面。

遗憾的是，我并没有一个放之四海皆准的沟通方案供你使用，世界上也不存在这样的计划。每个间谍都需要一个独特而富有个性化的通讯方式来获得需要的信息。所以，你需要和线人一起建立一个符合实际的通讯方案以及时获取你想要的关键信息。

（4）**证明**。你不会因为谣言而终止与供应商的合约，所以你会要求情报网络成员为他们所做的报告提供证据。但这么做他们会承担相当大的风险。如果可能的话，你会尽可能要求情报人员进行秘密拍照、复制实验报告、复印人事记录或其他任何重要数据。如果是你主导运行情报网络，那你就得负责给线人提供获取证据的相关技术和培训以免他们的安全或生计受到威胁。

如果这一切在你看来有点像侦探小说，那你就想想上面所提到的那个科特迪瓦可可种植园奴役童工的事例。尽管各大糖果生产商很可能没有得到各自的原料供应商卷入奴役童工违法事件的任何警示。但糖果公司的产品原料由童工生产这一事实，使得糖果公司在以后的整个产品生产过程中都得对防止这样的暴行肩负责任。无论是从道德方面还是从宣传角度来看，你最好认为在国际刑警组织召开新闻发布会之前，糖果公司了解存在的实际问题，并且符合他们的最大利益。

情报风险

如果我连在国际贸易中人工收集情报存在的风险都不甚了解，那我就会在行动中有所懈怠。尽管通过线人传达供应商的生产活动和内幕消息不大会使你违反任何法律，但企业界在任何时候都应该小心谨慎地应用间谍方法论并认真倾听法律顾问的建议。即使你从事的活动严格遵守了法律，但仍存在以下风险：

尴尬。哎哟，你刚想招聘一个内部线人帮你汇报供应商的即时信息。但出乎意料的是，他却是供应商工厂经理的表亲。他不仅拒绝了你的“咨询”的报价，还向他的表亲和供应商管理团队汇报了你的雇佣意向。毫无疑问，这肯定会对你日后的贸易交往产生不利影响。

为了避免这种情况发生，你需要谨慎地研究所有可能的候选人，并全面评估他们的聘用准入、受聘动机以及他们和供应商内部关键人物的关系。永远不要在不做调查的情况下招募一名线人！在初始阶段，有必要的话，可以先试试“软推销”策略。先谈一些不具争议性的事项，然后再一步一步地确立真正的合作关系，在此期间，你要始终评估线人的受聘意愿。

做线人的风险。如果你的线人准备在供应商厂区对不卫生条件拍照时被抓，那对他而言意味着什么？至少说，他会失去他的工作。

要想避免这种情况发生，就得预测相关风险，你应该给线人提供足够的培训和资源以避免其被察觉。更多关于如何保护你和线人的商业间谍技术信息，请阅读第三章。

双重间谍。在企业做一个双重间谍会比在情报界更具吸引力。要是你新招募的线人返回去把一切事情都向他的老板告密，他很有可能会因定期向你积极汇报供应商的合规生产而得到丰厚的奖励。

为了避免这种事情发生，你必须在供应链的不同职位上聘用多个线人，以此来证实你所得到的情报。

真相很伤人。要对新线人向违规生产的长期供应商做反向汇报的可能性有所警觉。毕竟，从道德和法律的角度来说，你能忍受对违规行为视而不见或与违规生产的商家进行合作吗？

欣然接受供应商的违规生产报告，不管那意味着你与供应商的业务关系面临终结，还是意味着供应商会被报告给当局。

入狱。我在本书中反复向读者强调一定要遵守法律条文。但值得注意的是，一些国家对国有企业和私人企业在商贸法规存在着非常模糊的标准。如果事实就是这样，从事间谍活动只要不违反商业或贸易法律就行了。

为了避免陷入法律纠纷，不要试图与那些同政府有密切来往的组织或实体公司建立情报关系。不管从事间谍活动的人的律师团队有多么专业，最好还是不要卷入法律事件。

建立一个安全合法的情报网络

针对科特迪瓦可可种植园存在的问题，我建议可可原料终端用户未来应不惜一切代价确保供应商不再违规招工或从事不安全生产活动。世界某些特定地区的特定行业因时不时地违规生产经营而声名狼藉。例如，服装行业、地毯制造商、钻石行业和肉类加工产业里都存在包括同工不同酬在内的问题，其他行业也长期受质量问题的困扰。作为一位家长，我对那些含铅的玩具和婴儿产品感到愤怒不堪。产品过去出现过问题，顾客不但要对此注意，而且也要做好最坏的打算，直到相关部门出示产品质量安全证明为止。

但不在高风险行业的读者朋友该怎么办呢？那些不在世界有问题的地区做生意的人该怎么办呢？假如你只想提前得到关于小零件供应商会晚些时日交货的通知，那该怎么办？事实上，在供应链中建立情报网络没必要成为一件偷偷摸摸的高风险事件。尤其是针对那些国内和你执行相同的法律标准的供应商，真的不必建立尔虞我诈的战略性情报网络。信息资源运行的目的也仅仅是与那些在关键时刻能够帮助企业的人员保持良好关系。

因此，对于那些没必要与自己的信息提供者建立秘密通信计划或召开秘密会议的人来说，如果想早点了解真正的间谍情报技术，成为一个更有效的关系网构建者，下面这些技巧将会对你有所帮助：

（1）寻找那些一线体力劳动者。在此我没有表达任何贬义色彩。如果你想知道供应商工作车间里都会发生些什么，你需要接触其行政办公室以外的那些人。那些穿着工作装的人不会比你更晚意识到问题的存在，所以你要认识一些做实际工作的人。人们常常在获得管理职位后，都不再关注劳动队伍。这就给工作带来诸多盲点，还好这些盲点比较容易补救。

2003年，我以大规模杀伤性武器调查小组成员身份前往伊拉克。来到伊拉克，我们始终认为，这里还可以搜查到大规模杀伤性武器。于是，我们开始拜访一些资深的科学家和政治家以及一些接受过伊拉克当局宣传指导的人员，但他们都否认伊拉克本土还存在大规模杀伤性武器计划。我们不相信这些事先就此事接受过宣传教育的人，因此，我们开始从那些并不善于接受当局宣传影响的人那儿收集信息。我们采访了技师、护士、保安和卡车司机以及那些只是声称能够提供毫厘线索的人，采访工作详尽而彻底。最终，事情尘埃落定，伊拉克并没有秘密储存大规模杀伤性武器。可以肯定地说，这完全是我们对各阶层人士进行彻底摸底和盘问后得出的结论，而不是一些媒体的直接报道。整个经历给了我多方面的启发，其中一个启发就是：不同阶层的人会对同一件事和同一个事实有截然不同的解读。

（2）学习一门新的语言。翻译过程中丢失的信息量会令人惊讶。我不光是在谈论外语的翻译。如果你在做营销，你也需要理解工程师；如果你在人力资源部门，你也需要了解生产。每个行业每种职业都有自己特定的术语，所以你需要掌握那些在需要时能给你提供关键信息的人的“语言”。如果你不能理解人们所说的行话，人们也不会不厌其烦地给你解释。

当然，学习外语也同样很有必要。如果你的公司在南美有大量外包业务，相信我，学好西班牙语将会使你受益匪浅。能够直接与外国人交流而不是通过充当第三者的翻译去和人交流，一定会使你大受裨益。

会说阿拉伯语的情报官员在中情局总是极其吃香。对美国人来说，阿拉伯语是一种很难学的语言，得花好几年才能真正掌握流利的阿拉伯语。我不会讲阿拉伯语，所以在很多场合都需要阿拉伯语口译译员帮我促成交流。在情报行动中，我也接触过一些说阿拉伯语的同事。用翻译协助交流和直接交流，这两种经历有很大的区别。用翻译会使谈话感到不自然，谈话的双方是对着译员讲话而不是对方。即使是最优秀的口译员(口译员的技能水平差别很大)有时也很难充分传达一些微妙的交际点，如潜在的幽默或威胁，你将永远听到一些字面翻译，很多信息都会听不到。我怀着敬畏的心情与说阿拉伯语的同事共事，我们不仅能成功地进行情报交流，还能很默契地进行文化交流，这是与口译人员合作过程中无法得到的。

让自己学会信息提供者的语言，无论是专业术语还是日常习语，你潜在的信息提供者就会知道你能听懂并能理解他们的语言。

(3) 提供慷慨的支持。情报界并不是一个利他的行业。然而，情报人员通常却是很慷慨的。中情局官员往往会给别人一些建议完成签证或护照，或帮助处理一些细微的法律问题。他们这样做并非源自他们的善心，但因为这样一些不费吹灰之力的小恩小惠，他们却得到了极大的回报。

成为一个慷慨助人的人，实际上就为自己建立了一个强大的平台。不愿欠债或不想亏欠人情是人类的天性，所以大部分人在得到你的帮助后，都希望有机会尽快报答你。今天的一个善举可能会在明天给你带来实惠。

（4）树立你的权威。中情局官员都以受人尊敬而著称，他们绝不会胆小怕事。如果一位全副武装的海关官员强势地问你为什么要携带大量现金进入这个国家，你却结结巴巴、汗水直冒，那你就不会再在这个行业继续干下去了。能够冷静自信地化解紧张情况是一种至关重要的技能。

正如之前提到的那样，完成情报培训学习后，我接到的第一个任务就是乘飞机前往喀布尔。我发现自己尽管才二十几岁，经常见到的却是全副武装的阿富汗男性军官，而他们中大多数人多年都未曾见过一个不戴面纱的女性来从事这种与女性关系不大的职业。尽管其中许多人几十年来从来都不正眼看一下行业外的女人，但没有一个人对我表现出丝毫的不尊重。为什么？我相当清楚，这是因为每次参加会议，我都很自信地走进会议室，坚定地和他们握手，且从未遭受过拒绝，而且我总是主导着谈话。当然，还有一点，我一直掌控着财务。这些完全不习惯和女人打交道的男人，只好摆脱一切文化上的不适应，然后心平气和地坐下来开始工作。

在建立企业供应链网络体系时，以上的行为也同样适用。你要成为一个支付账单的人，一个可以随时解除合同、不容忍任何欺骗的人。当然，你不必故意无礼地去做这些。这些行为需要与你的地位、举止相符。即使你的行为多数时候是吓唬人的，也要树立一个阿拉法特式的强硬形象，让人们难以对你撒谎。

供应链情报

我如此强调行为技巧的重要性，你会感到惊讶吗？情报界的实情是，卧底工作较量的更多是心术而非战术。知道如何去控制认知和观念比知道一些细小的东西更重要。

解决供应链问题时，如遇到科特迪瓦可可豆种植园奴役童工等需要激进应对的情况，运用渗透和招聘的内线人员等情报技巧就比较合理。当然，若情况需要一种柔和的做法，那这种激进的战术就不适宜了。在这种情况下，就可以像中情局官员那样利用自己的职位诱使、鼓励所有线人向你尽可能泄露所需要的信息资源。

09
间谍对决：
迎接竞争挑战

我花了几个月时间筹备了一次秘密会议。在会议期间，一个重量级的线人突然对我说，他下周要去巴黎。

“哦？”我立刻警觉地问道，“你是去工作还是去玩呢？”他的工作并没有给他提供太多游玩的机会，因此巴黎之旅绝对是不寻常的。

实际上，他这次巴黎之行既是为了出差也是为了游玩。一个神秘的法国商人以召开简短的商务会议的名义邀请他到法国免费旅游。线人并不完全清楚也不关心此次商务会议的目的，他接受了此次邀请，仅仅是因为他一直想去参观卢浮宫。他是一个才智聪明、受过教育的人，但却极其天真。但我并不天真，几个问题就让我了解了所有我想知道的信息。我看得很清楚，法国商人是一位会使用激进且众所周知的招聘策略的情报人员。仔细推敲我的线人与那位法国商人的谈话记录后，我发现他已经透露了太多我方的信息。

我担心我们的情报安全，因为即使是和其他情报机构人员任何无意识的接触，都会增加线人和中情局的秘密关系遭遇泄露的风险。我个人心中也有不满，竟然有人敢动用我的情报人员！他是我的线人，该死的！其他人最好与他保持距离！我要求线人立即停止与那位法国商人的所有接触，并说服他取消了那个“商务会议”。他有些生气，但还是同意了我的要求。

会后，我深深地叹了口气，心中暗自嘀咕着：“总部也不会接受他这样！”

所以你懂的，中情局官员不得不对付那些闯入他们行动、制造麻烦的竞争对手。情报界就是一个小社会，也只有这些重量级间谍值得情报界去追逐。事实上，顶级间谍人员“货比三家”寻找最好的情报交易的现象并不是前所未闻。摩萨德（以色列情报机关）可能会提供更多的资金；军情六处可能会考虑即时提供英国国籍。中情局提供的报价能超过他们吗？可能你也想到了，这种报价竞争之战会变得非常混乱。所以在间谍人员被捕或遭遇更惨的命运之前，理清所有的混乱竞争，符合所有人的利益。不难看出，情报界的竞争和线人争夺战也是现实生活的真实写照。

本书这一章是我写得最谨慎的一章。中情局官员特别善于应对竞争。毕竟，渗透和破坏其他国家的情报是情报服务工作的使命。但中情局所应用的绝大多数应对“竞争”的策略并不适用于商界。因为这些策略可能会很快地把你送进监狱。所以，我不得不好好想想，身为一位前中情局官员，在这个话题上，在不践踏任何法律或道德底线的前提下，我能给出你什么建议。最终，我决定不告诉你如何秘密地进入竞争对手的生产区，也不告诉你如何破坏竞争对手的新产品发布或怎样获取对手的电子通信，但我可以教你情报界应对竞争的战略规划。

内部竞争

在一个理想的工作环境中，你尊重你的同事并服从管理。你可能在同事中建立了友谊和同事之情。你可能会从比你资历深的同事那儿寻求指导并建立了师徒关系。如果你喜欢这样一个理想化的工作环境，或者你完全习惯这份大体上还算满意的工作，你可能就不会去建立同事的人事档案。你会觉得这样做有些功利，还有些不厚道。

不要这样想！

你最有才华、最勤奋、社交能力最强、最讨人喜欢的同事就是你最大的威胁。

这听起来可能有些险恶，但事实的确是这样，论及升职、发放奖金、事业进修机会时，你和同事一直会被放在一起做比较。你不必对所收集的同事信息做任何手脚。但鉴于晋升机会有限，我们每个人都有必要对自己在组织里的个人竞争力进行分析和评估。下面的分析框架能帮你理解你为何在组织里地位下降以及如何改善你的发展机会：

（1）从高层着手。为了改善职业仕途，你需要了解组织的领导力。中情局有一个专门负责分析领导力的部门。这听起来是不是很有趣？的确这样，领导力分析部门正在招聘！领导力分析师的工作描述就公布在中情局的官方网站上。描述中说，领导力分析师需要对外国领导人和包括政治、经济、军事、科技、社会和文化领域在内的关键决策者进行评估。这些评估是为美国行政和立法机构的高级政策制定者们准备的，目的是帮助这些政策制定者理解他们的外国同行，进而更好地与其打交道。

政策制定者利用领导力分析师做出的评估更有效地制定谈判策略、了解对方弱点、并预测其行为。你应该相信，美国总统在不了解一位外国领导人会以何种方式接待他之前，他绝不会会晤这位领导人的。即使是很小的个人信息，比如提前知道一个外国领导人的饮食禁忌或不稳定的婚姻状况，也可以帮助美国领导人避免令人尴尬的外交失误。

领导力分析师撰写的评估空洞乏味，撰写的依据五花八门，有几十年立法决策的一个详细核查，还会有一些不重要的法律或财务记录。还有的评估读起来很像小报杂志，内容包括非常庸俗的性倾向和心理健康状况。这些评估分析背后的想法依据是：外国领导人的决策和行动会受他们的过往经历、个性缺陷、个人缺点以及心理倾向等因素的影响。

也许你难以像领导力分析师那样容易获得同等数量或同一类型的数据，但对自己组织的领导人做出一个有意义的评估实际上是一件很容易的事。你也许会感到惊讶。其实，这不难理解。毕竟，你与他们经常互动，你有机会阅读他们的内部通信，听他们的演说。你了解他们的穿衣方式，了解他们开什么车，每个时间段都干什么。你看到他们对谁委以重任，你看到他们雇用谁、解雇谁。这些信息你都很容易看到，也很容易了解到，所以你分析领导力所需的材料都不难获得。

要真正弄明白内部竞争，你就应该确定你公司的领导会把谁视为你的竞争对手。也许会认为你左边隔间的那家伙是你们公司最聪明、最勤奋的员工（嗯，当然仅次于你），但我们都知道，令人遗憾的是，聪明的才智和努力工作并不一定和职业成功有多少关系。（彼得原理万岁！）

回答下列问题，完成你的领导力分析评估，观察并分析你公司的决策者。

A. 在领导内部圈子的人都有什么特征？

B. 领导会给哪些人奖励？

C. 领导会对哪些人进行失败惩罚？

D. 领导从组织内部提拔的人和从外部聘请的人之间有什么差异?

通过研究公司的高级领导以及领导人身边对其产生主要影响的人，你会评估出哪些人以及哪类成就往往会得到奖励。我们都希望管理层会把才能、智力和奉献精神看得高于一切，但现实往往会更复杂。一些高管们将前公司的同事带进新入的公司，以示忠诚。另一些高管则招用了许多和他们类似的人（所谓的合适人选）。还有一些会把个人关系看得比技术技能更重要，更有一些依据“血统”来聘用人才——他们坚持下属必须来自名牌大学，还得有著名公司的工作经验。

建立公司领导的档案，分析他们迅速进入领导层有什么特点。你可以效仿他们的行为，从而加快自己的职业发展。这么做，至少可以避免自己做出公司领导认为不合适的事情。

（2）研究竞争对手。深刻了解竞争对手是成功的关键。首先你要使用评估领导的成功标准来确定竞争对手。毕竟，企业都有强烈的愿望去了解竞争对手，你不应该以个人角度去了解竞争对手吗？评估竞争对手可以让你改正缺点，而这些缺点正是你和竞争对手相比时，你在领导眼中的缺点。

评估并分析竞争对手并不意味着你应该进行蓄意地公开竞争。事实上，你绝不应该这样。在竞争对手圈子里，总有人由于技能、运气、或个人关系比你晋升得快。这些今天的同事可能会是你明天的领导。不要把他们当作一个超级竞争对手或是带刺的鲨鱼，当你们还是同事时，你就理应获得他们的尊重。

中情局同样会对那些在“播种”行动中崭露头角，并很可能得到快速晋升的个人进行评估。在播种行动中，情报官员会与那些现尚未在权力职位但极有可能在日后问鼎要职的人建立私密关系。因为通常极容易和潜力股建立联系，而且最终招聘到的潜力股并未被妥善地委以重任，中情局官员会投入大量的时间和资源来招募这些未来的领导人，同时，希望他们未来成功的预言将会成为现实。

不管你是普通员工，还是管理层的领导，你都可以通过努力工作来赢得已经赶上职业生涯快车道同事的信任和尊重，从而启动自己的播种行动。不管一个人进入快车道是因为技能、人际关系，还是因为血统关系，在你们都还是普通员工时，和潜力股类型的同事建立好关系，他（她）得到晋升后有能力回头帮你时，会让你搭上晋升的顺风车。

（3）建立一个帝国。我不介意你在邮件室工作——每个人都需要一个自己的帝国。我说的帝国是一大批人都极为关心你。很多有竞争力的个人，晋升之路都是平步青云。然而，有一部分人，却做得很糟糕，他们使用“拍马屁，挖墙脚”的管理方式，令许多受其所害的人都特别讨厌他（她）。

不同的是，最优秀的中情局官员和最有效的管理者都知道有价值的信息有时也会来自完全出乎意料的信息提供者。事实上，世界上大多数情报人员都拥有一个“协助线人”的大型关系网，这个大型关系网的价值并不是为了获取敏感数据，而是在幕后提供力所能及的关键帮助使间谍人员能够顺利完成任务。协助线人就是那些为间谍人员秘密会面提供藏身之地、为他们购买无法追踪的一次性通话、为他们提供隐形通信、检查秘密消息回收地点的人。中情局有一小批协助线人仅仅只需在有事即将发生时警告当事情报官员。例如，当某一船只进入港口，或者当一个特定的个体被认为从事可疑行为，这类线人可能会通过书信提醒中情局。

协助线人或预警线人通常并不是那些卓越个体，他们更可能是那些令人同情、低调卑微、身处底层的个人，他们的存在价值就在于他们能够很低调地接近信息，而不是从内部去获取绝密信息。

在企业界，建立这样的协助体系可能意味着你得把所有信息都放置在电脑顶部的收件箱里，然后升级电脑，减少程序化操作，从而提高工作效率。或者你把自己的办公室安排到离老板办公室最近的地方（或最远的距离，由你的喜好决定）。拥有一个警报体系意味着在有人被炒鱿鱼之前，你就应该变得小心谨慎；也意味着你要提前知道即将来临的机会；或者你有一个小机灵告诉你今天不是一个向老板提请求的好日子。这些小支持和小建议会对你产生极大的价值，并且在内部竞争中带给你巨大的竞争优势。

所以在企业晋升过程中千万不要忘记你是如何走上晋升之路的，包括前台接待员、佣人、助理以及门卫在内的这些人，和他们交朋友你不应有丝毫的犹豫。因为你永远不知道你可能会从他们那儿了解到什么。

在企业界，通过研究公司领导，分析同事，建立一个贯穿企业的网络，每个人都可以效仿中情局的360度情报收集策略。这个策略能给你前车之鉴，在公司气候发生改变时，能帮你树立一个一马当先的形象，帮你走向事业的成功，使你从成功中受益。

毫无疑问，若你连本职工作这个最起码的工作都干不好，这些方法就没有一个会见效（至少效果不大）。给自己预设一个现实的技能要求和努力目标吧，这个策略会让你与公司文化紧密融合，这种融合单凭技术能力是很难完成的。

外部竞争

你究竟有多想知道对手的下一步举措？由于这本书不是一本企业间谍活动指南手册，我再次强调我会避免谈论所有可能把我们中的任何人送进监狱的话题。尽管如此，和研究内部竞争一样，我还是愿意分享情报界的分析模式和策略，因为它们依然适用于研究企业外部竞争。

（1）研究竞争对手的行为模式。虽然情报界会有很多通用的处事技巧和策略，世界各地的每一个情报机构也都有自己独特的做事方法。有举止温文尔雅、彬彬有礼的“绅士间谍”，也有人凶神恶煞，雇用地痞从事间谍活动。某些国家拥有最先进的技术，他们在生物测定学和大众情报分析上取得的进步使地下情报人员和逃犯一样的人突然出现，能把人吓出一身冷汗。其他国家依靠廉价劳动力，似乎在街道的每个角落和每个酒店里都有他们的监视人员。

为了安全运作，中情局官员每到一个国家都会摸清楚该国的情报工作方式。然而，在世界的某些地区，为了不被发现，额外的预防措施非常必要。情报案件负责官员会在仔细研究一个国家情报实践活动的基础上，对其做出据证猜测：哪个地方会有人潜伏监视；哪些酒店房间可能遭人窃听；哪些机场无论如何也不能去。这些用于做出关键预测的信息一般都来自于对对方人员的渗透、过去实践的分析以及对当前各种网络技术应用的深入了解。

企业的组织也有可预见的行为模式。一个公司的行为模式可能会因一次剧烈的管理变化、技术突破或有意的策略逆转而发生改变。但是，除了发生这些少有的事件外，你能够合理地预测竞争对手如何在一种特定的情况下行事。

评估竞争对手的行为模式需要彻底了解竞争对手的历史，对其领导力进行全面分析，并了解其重要的人事变动。一般来说，你可以对过去的行为模式进行研究从而预测其未来的行为。但公司是由人经营的，而人是一种复杂的动物。正因为如此，对人类行为模式的预测是最不准确的。而公司在本质上又有些抵制任何改变。这意味着了解竞争对手的历史并认识其潜在变化的因素，能帮你预测对手下一步的行动。对手的下一步行动当然也会影响你的下一步行动。

(2）利用对手的变化。每当中情局海外官员被通知所在国发生政权更迭，他们就会大量延长工作期限。即使新领导层只是表面上符合美国的利益，中情局官员也会通过仔细调查来掌握这些重大变化的真相。情报案件负责官员会争相收集那些新政客在权力斗争中的情报。这是因为即使新上任的政治领袖是一个已知的个体，权力改变往往也会引发整个组织的一些戏剧性变化。新领导人会承受成为“不同的”和“更好的”领导人的压力。他们渴望在自己任职期间通过大胆改革树立起自己的特殊形象，不管这些改革是否有必要。

企业新任领导人为了改革而进行大幅度改革会给本来就强大的组织制造一些弱点。在内部，会惹恼一些人员；在外部，顾客会担忧自己是否还可以一如既往地享受到优质的服务和产品。中情局官员就喜欢在政权变化期间利用这些微妙的小裂痕。在一位刚愎自用的领导上台后，很多人会感到被轻视，他们或将会对新领导产生厌恶，这时中情局情报官员更容易招募到这些不被看好的政客。同理，私人组织也一样，竞争对手公司发生领导人更迭之后，你也可以伺机行动。

人们很容易把组织想成是一个一成不变的东西或一个没有个性的巨大实体。事实上，从长远来看，个别人事变动很少会导致一连串的反应。然而，对于竞争性强的公司高级管理层所发生的变化，你就应该保持密切关注，随时准备利用那些由于个人行动所导致的漏洞。

（3）**学会否认和欺骗**。中情局使用否认和欺骗技术来误导对手的情报机构，目的是让对手拿到假线索和不准确的信息以便自己的真实工作不被发现。我不鼓励读者朋友做任何不道德或不安全的事情，但如果你意识到竞争对手正在努力对贵公司实施间谍活动时，那你就应该抓住最佳时机进行反扑。不要立即解雇你的线人自己去调查泄露事件，更改你受黑客攻击的电子邮件账户密码，或干脆辞掉对手在贵公司的线人。你可以使用自己在竞争对手公司里的安置的线人，应对那些诡计多端的对手。当你掌握了对手泄露的信息，你就能控制对手的反应。

（4）**建立一个联盟**。每个人都知道建立关系是做生意的一个重要组成部分，但是大多数公司把建立关系只当作销售和营销人员的事情，而没有把关系建设视为销售以外，与供应商、顾问、法律和金融代表以及其他贵公司经常接触的组织发展具有巨大情报价值关系的事情。

中情局与外国政府甚至间谍活动对象都进行大规模的联手合作。在发生危机的情况下，竞争对手情报机构暂时会分享资源和信息，即使是一个单独的、互利的机会，对我们的成功也非常关键。在许多情况下，有些行为是自私的，但谁会在乎呢？同样，中情局遵循警告义务原则，要求情报人员接收到他国即将遭受袭击威胁的可靠信息后，立即通知外国政府机构。这个原则甚至也适用于美国的敌对国家。

建立一些与销售无关的商务联系会带来一些非常出乎意料的收益。至少，与其他公司联手合作会使你拥有额外的信息来源，这些都会对你的业务产生深刻影响。从一定程度上来说，每个行业都是一个小小世界。你的供应商可能曾经是你现在竞争对手的首席执行官的同事；与你经常有业务往来的咨询公司负责人可能正在考虑雇用竞争对手公司的某个人。行业联盟有意或无意地一起共享信息，可真正为彼此提供商业便利。

结论

WORK LIKE A SPY
Business Tips from a Former CIA Officer

在充满竞争的世界里运筹帷幄

在这个充满竞争的世界上，用卑鄙的手段参与竞争会很具诱惑力，尤其是在竞争对手排斥“公平”这个概念时。但采取强硬手段又会导致彼此卷入“战争”。企业界和情报界一样，即使让你大功告成的手段诱惑力再大，你果真那么做的话，只会让你名誉扫地（或浪费你的法律辩护基金）。

在本书前面我提到过，诚信是一种有价值的商品。我没有强调情报界竞争手段的一些消极方面。我更希望读者朋友们心怀这样一种观念：黄金般的声誉远远要比一名前情报人员给你教的任何肮脏把戏有价值。

不要误解我，我并不是在这里主张“女童子军”。我极力赞同用大规模的反间谍实践活动来实现安全防御，也赞同运用良好的情报技术来保护公司利益。但今天的对手也可能成为明天的盟友。机智地、敏锐地、甚至激进地应对竞争并没有什么错。但是，用卑鄙的手段只能使你获得暂时的优势，它却会经常给你带来困扰。

中情局官员可能不会面临企业高管们遇到的那些法律、组织、金融限制。但他们和企业界的人员一样，有自己的做事目的、目标和抱负。因为有些人既能从事间谍活动又可以出没于比较传统的商务场合，我开始意识到教给中情局官员完成其使命的许多独特技能同样也适用于企业。

我已在本书中多次申明，我不主张企业从事间谍活动或进行任何违法及违背道德的实践活动。但我提倡并希望读者朋友抓住难得的机会学习才华横溢、辛勤工作的中情局官员每天应用的成功做法。

总体来说，如果让我从情报界总结出一条最重要的职业经验，那我就做出这样的概括：对你和你的公司而言，获得有些信息可以使整个竞技场大洗牌。要获得这样的信息无非就是要找正确的人用正确的方法提问正确的问题。这可能就得要求你掌握并利用好个人和组织的弱点。然而，一直坚持过硬的伦理标准，你完全可能在利用情报界做法获得企业经营成功的同时，还能保持你的良好声誉。

致谢

WORK LIKE A SPY

Business Tips from a Former CIA Officer

我想向很多很多人表达谢意，但姓名又难以一一列举，因此写鸣谢实在是一件艰难的事情。尽管如此，我还是想向我的中情局导师、朋友、旅行伙伴、战区的室友以及同事表达我最真诚的谢意。与其他大部分人的工作相比，你们的工作更具挑战性，你们也做出了更多牺牲。因此，能和你们一起共事，我深感荣幸！

在此，我也想感谢企鹅出版集团的极大耐心和辛勤工作，因为这本书的编著时间超出了我们所有人的预期。

最后，我想特别感谢我的母亲，她对我从那么小的年龄开始远离家乡、环球旅行、寻求刺激的生活表示了容忍和理解。只有此时此刻，我自己也成为母亲后，才明白我必须陪伴她度过晚年。希望我的孩子不要给我增添那么多白发，因为我已令母亲操劳不止，如今她已是满头白发！